図解1分ドリル

この一冊で「読む力」と「書く力」が面白いほど身につく！

知的生活追跡班［編］

青春新書
PLAYBOOKS

知りたいことがスッキリ頭に入る「ツボ」教えます！

——はじめに

本や新聞、雑誌などを読むことで新しい情報やアイディアを発見し、吸収する。あるいは、ノートやメモ、メールや手紙、企画書などを書くことで要点を整理し、それを表現したり、伝えたりする——。

「読む」ことと「書く」ことは、毎日の生活はもちろん、ビジネス人においても欠かせない能力だ。つまり、これらの能力を磨くことで今までの生活もビジネスも、まったく違ったものになるはずである。

本書では、情報やアイディアを効率よく得るための「読む力」と、情報を整理してわかりやすく伝えるための「書く力」のコツやポイントの数々を、それぞれ図解を交えながら1分で習得できるように紹介している。

さらに、「読む力」と「書く力」の理解度をチェックできる実践ドリルも掲載したので、すき間のちょっとした時間を利用して気になるページから読み解いてもらいたい。

現代は、個人の技量と能力がよりシビアに問われる時代である。だからこそ、本書によって「読む力」と「書く力」をスキルアップさせて、ライバルに差をつけてほしい。

知的生活追跡班

2010年4月

図解1分ドリル この一冊で「読む力」と「書く力」が面白いほど身につく！ もくじ

STEP 2「集中力」――効率が上がる、やる気がUPする読書法

STEP 3「速読力」――誰よりも速く理解するテクニック

STEP 4「情報収集力」――有益な情報をすばやく見極める技術

第2部 「書く力」が面白いほど身につく！

STEP 1 「ノート力」―思考力がグングン高まる書き方のツボ

STEP 2 「メモ力」―アイディアがどんどん閃くメモの取り方

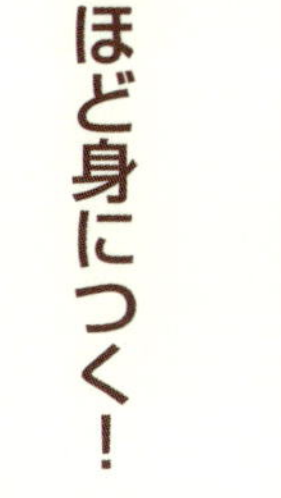

STEP 5 「文章力」──「伝わる」「読ませる」いい文章の黄金法則

STEP 6 「手紙・メール力」──人間関係がうまく回りだす魔法のルール

イラスト　川村易
ＤＴＰ・図版　ハッシィ
制作　新井イッセー事務所

第1部

「読む力」が
面白いほど身につく！

なぜ「読む力」が必要なの？

新聞や書籍、雑誌やインターネットまで世の中は情報であふれかえっている。いったいどこからどんな情報を得ればいいのか、情報の波にのまれてしまい悩んでいる人も多いだろう。そんな人でも、「読む力」を身につけてそのポイントをマスターすることができれば、本当に使える情報を素早く手に入れることができるのだ。

読む力

①読解力
②集中力
③速読力
④情報収集力
⑤情報整理力
⑥裏読み力

が身につくと

↓

仕事がどんどん楽しくなる！

STEP 1

「読解力」

みるみる知識が頭に入る読み方の鉄則

たとえ同じ文章を読んだとしても、読む人によってそこから得られる情報がまったく違ったりする。文章をより深く理解し、少しでも多くの情報を得るための読み方のコツとは?

まずは書き手の〝文章パターン〟を見抜くだけでいい

文章を読むのが苦手という人ほど、得てして一言一句を丁寧に目でなぞりながら読んでいたりする。結局、読み進むうちに疲れてしまうことが多いのだが、そんな人におすすめしたいのが、**文章パターンを分析しながら読む**方法だ。

講演などの話は「起承転結」でまとめるより、いきなり〝つかみ〟から始めたほうが聴衆の関心を引きつけられるという。文章もそれと同じで、教科書どおりに「起」から始まって「結」で終わる構成で書かれているとは限らないのだ。**そこで、文章を読む前には、まず、どの部分に最も重要な「結論」が書かれているかを探してみてほしい。**

たとえば、「導入」から文が始まり、次に内容を詳しく説明した「論旨」、それに対する「具体例」が続いて、最後を「結論」で締めくくるという流れが一般的なのだが、なかには冒頭からいきなり「結論」で始まる文章もある。

また、読者が話題に入っていきやすいように「具体例」から始まって、すぐに「結論」

文章パターンは書き手によってさまざま

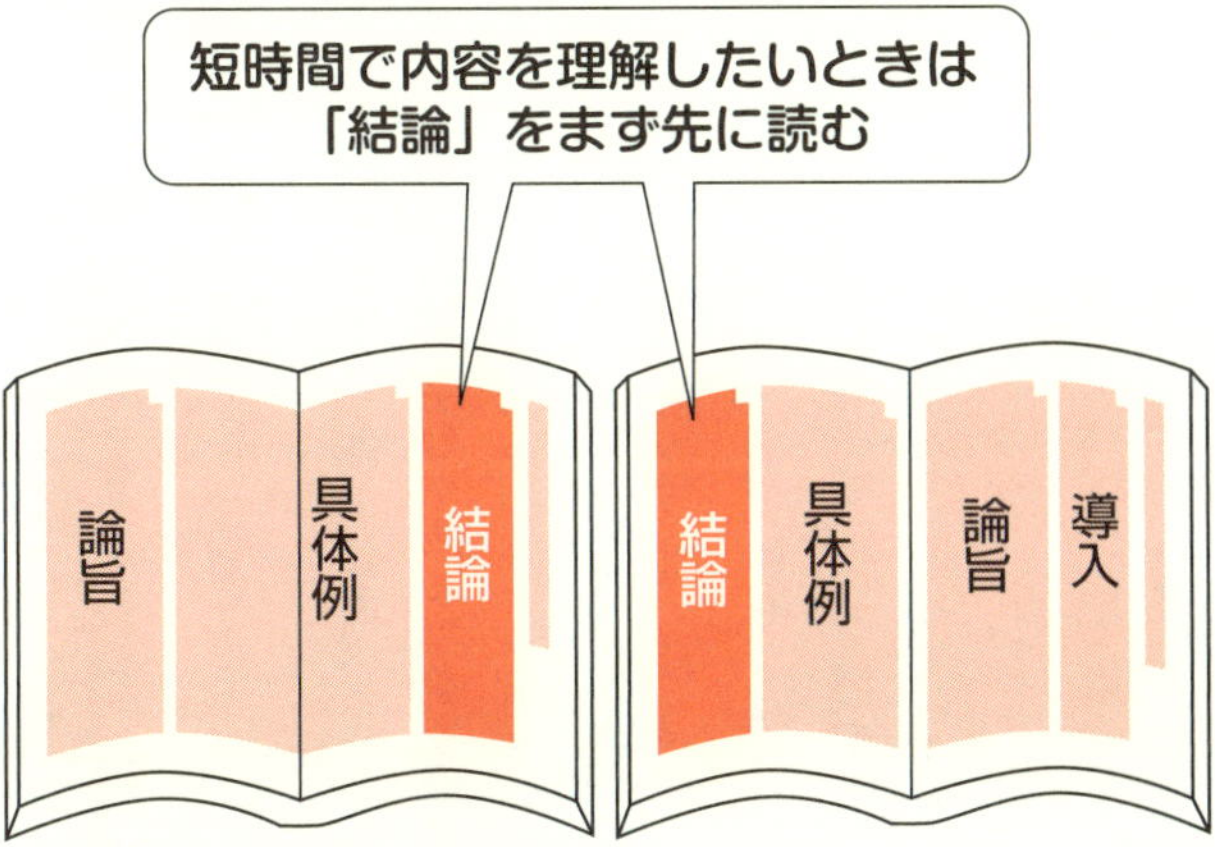
短時間で内容を理解したいときは
「結論」をまず先に読む
論旨
具体例
結論
結論
具体例
論旨
導入

がくる文章も少なくない。

つまり、「結論」の部分は筆者が最も力を入れて言いたいことなので、それがどこに書かれているかしっかり把握するといいのだ。

そうすれば、短時間で内容を把握したいというときには、結論の部分だけをざっと拾い読みするだけで、ある程度の内容をつかむことができる。

もちろん、小説などすべての展開が計算し尽されている文章は、ていねいに読んだほうが面白みがある。だが、事実を中心に説明されているような文章は全体を俯瞰《ふかん》しながら読んだほうがかえって理解しやすいこともあるのだ。

文章に秘められた相手の思惑は「数字」に表れる

新聞や雑誌の経済欄や生活情報のページなどを見ていると、文章中に数字が出てくることが多い。だが、この数字の出所までを意識して読んでいる人は少ないだろう。

じつは、このような数字がいつ、どのようにはじき出されたもので、世の中全体の何を示しているのかに注目すれば、ただ漫然と読んでいるよりも文章の内容を的確に把握することができるのだ。

たとえば、シェアを示す数字にも、これには統計調査などをもとにした数字の場合もあれば、書き手が自分の感覚や生活の実感から予測したアバウトな数字の場合もある。

これは、精度の高い数字を必要とする文章なのか、それともそこまでの精度にこだわる必要がない文章なのか、その内容によって使い分けられているからだ。

そこで**数字が出てきたら、前後の文章から、その数字がどういうものかを読みとりたい**。

たとえば記事の最後に、「厚生労働省□□局・２００９年度調査」といった但し書きがあれば、

数字とともにチェックすべき点はココ！

・**日本政府観光局**によると2009年に訪日した外国人は**○○○万人**。 ＜ 国の調査

・ブラジルの不作によりコーヒー価格は昨年度比**○%減**（全日本コーヒー協会調べ）。 ＜ 業界の調査

・起業家は**10万人に1人の割合**で存在するといわれている。

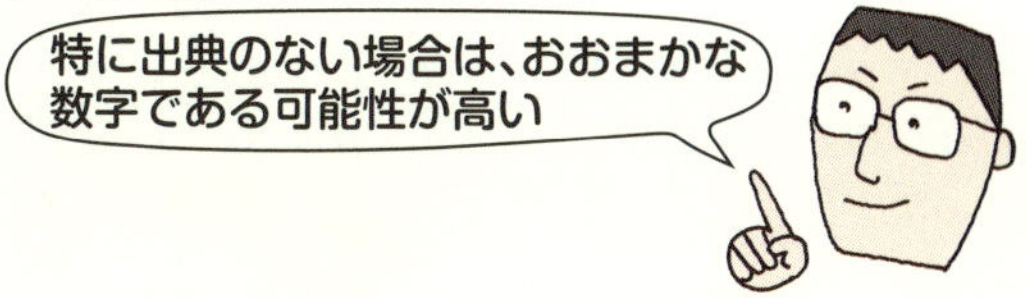
特に出典のない場合は、おおまかな
数字である可能性が高い

これは政府が直接調査した数字だということになる。また「○○自動車によると、～は△△件あり」といった数字であれば、特定の業界がある程度きちんと調べた数字であるということがわかる。

逆に、「たとえば国民の○○％が……」という数字だと、あるデータを引用しつつ書き手が仮説として用いている場合もある。もしかしたらどこかに誤りがある可能性があることも意識しておいたほうがいい。

いずれにせよ、文章中に出てくる数字を理解する「数字力」を身につけておけば、文面を通じて世の中の流れを正確に感じ取る力も自然に身につくはずだ。

段落が変わる部分には、それだけの理由がある

文章には、「段落」というものがある。もちろん、段落が変わるのには必ず意味がある。段落は、その段落内の文章がひとつの〝かたまり〟であることを示している。

そこで、もしも**内容がどうしても把握できない難解な本や記事に出会ったときは、段落に着目してみる**といい。なぜなら、ひとつの段落をじっくりと読んでいくと、その文章全体の輪郭がなんとなく見えてくるからだ。

そして、段落ごとの文章の内容を理解したら、次は段落同士の結びつきにも着目したい。たとえば「A→B→C」というふうに、正攻法で内容を変化させながら結論に導くような段落のつながり方をしている場合もあれば、「A→A′→A″→B」というように、少しずつ異なる内容の段落を並べて、ひとつの結論につなげていく書き方もある。

つまり、一つひとつの段落を組み立てるように読んでいけば、複雑に絡み合った文章もおもしろいように解きほぐすことができるのである。

段落ごとに読み、全体をつなげると理解しやすい

今朝、私は道で転んだ。
Ⓐ

なぜなら、夕べ降った雪が凍っていたからだ。
Ⓑ

通りすがりの人が救急車を呼んでくれて病院に運ばれた。
Ⓒ

Ⓐ → Ⓑ → Ⓒ

今朝、私は道で転んだ。
Ⓐ

道で転ぶなど久しぶりで、はずかしさで一瞬痛みを感じなかった。
Ⓐ'

なぜ転んでしまったのかというと、夕べ降った雪が凍っていたからだ。
Ⓑ

そういえば、子供の頃は凍った道をすべりながら学校へ行ったものだ。
Ⓑ'

そんなことを回想していると通りすがりの人が救急車を呼んでくれて、病院に運ばれた。

Ⓒ

Ⓐ → Ⓐ' → Ⓑ → Ⓑ' → Ⓒ

サクサク「暗記」ができるアンダーラインの引き方

子供の頃、「本は汚さずに丁寧に扱いなさい」と教師や親から教えられたことがあるかもしれないが、本の中身を余すことなく吸収しようと思うなら「本も消耗品のひとつ」と考えてとことん書き込んでしまったほうがいい。そして、線を引くときは複数の色を使って、**重要な項目は「赤」、その解説には「青」、そして参考にしたい項目は「緑」などと、〝目的〟ごとに色を使い分けておきたい。**そうすると、次に本を開いたときには、色を見ただけでそれがどのような内容で、何を示しているのかがひと目でわかるようになる。

資格試験のテキストのように暗記が中心となる場合は、覚えたい専門用語やセンテンスの重要度に応じて「必須」「参考」などと、アンダーラインの色を使い分ける。こうすれば通学・通勤の間にも効率的に復習ができるというわけだ。

こうした読み方を習慣にすると、新聞やビジネス書などどんな文章でも目を通すだけで、自然と頭の中で重要と思える部分にアンダーラインを引けるようになるはずだ。

アンダーラインは目的ごとに色分けする

①色にルールを決める

（赤）＝重要な項目

（青）＝重要項目の解説

（緑）＝参考にしたい項目

②ルールに従ってアンダーラインを引く

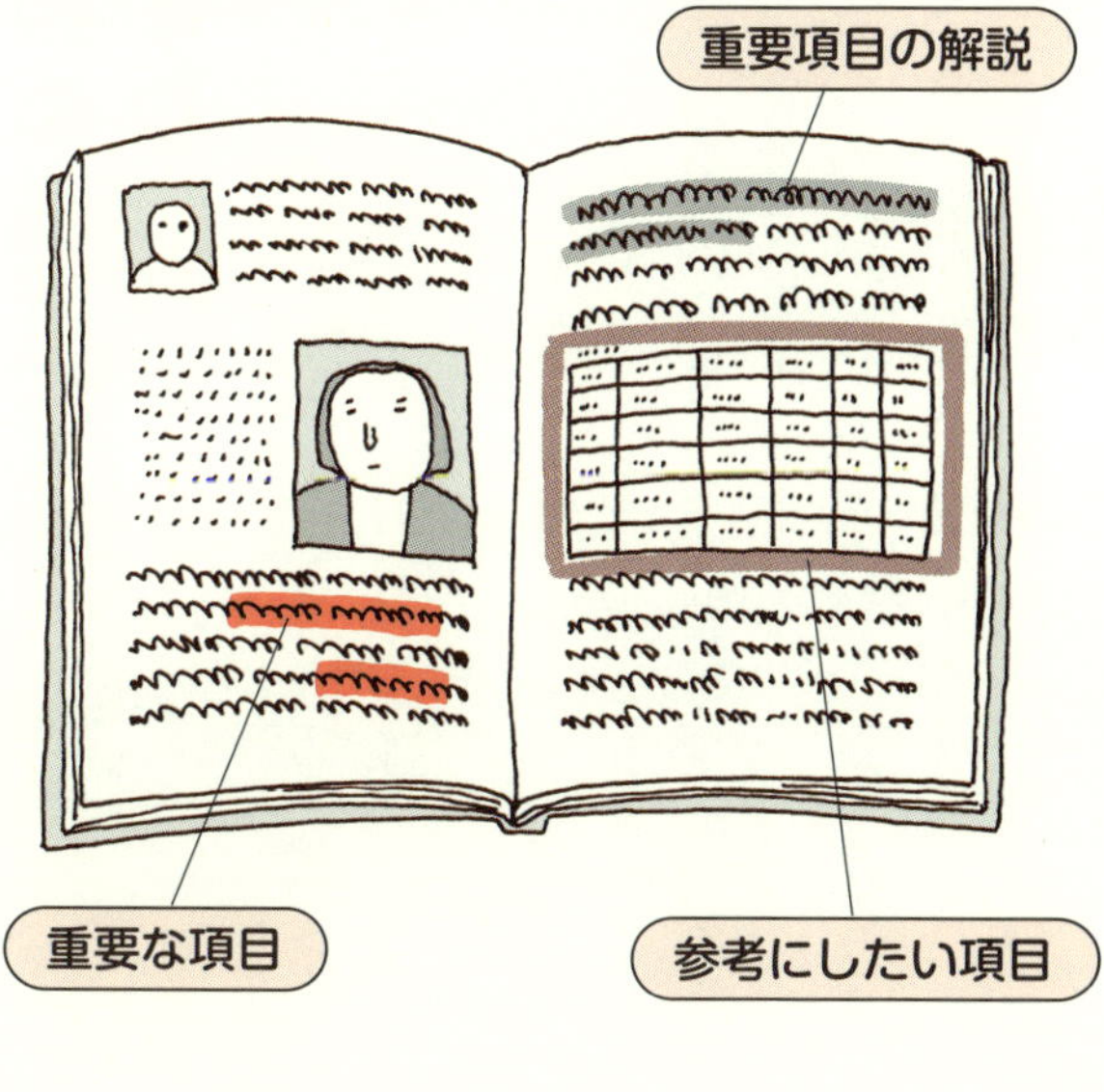

文章理解がさらに深まる「補足コメント」の書き方

学生時代の試験勉強の名残りで、読書の際には赤ペンが欠かせないという人も多いかもしれない。たしかに、書かれていることをチェックしながら読むには、アンダーラインを引いてマークしていくのが効果的だ。

だが、ただ闇雲にラインを引いていたのでは、あとで読み返したときにポイントがつかめなくなってしまう。そこで、ラインを引くときにもひと工夫を加えたい。

まず、ポイントとなる部分にアンダーラインを引いたら引きっぱなしにせず、アンダーラインの端から引き出し線を欄外の白地に引っ張るようにしよう。

そして、アンダーラインを引いた内容が「まあまあ重要」だと思ったら「○」、「絶対に落とせない」としたら「◎」などのマークを引き出し線の先に書き込んでおくのだ。

こうしておけば、あとでページを開いたときに、どの部分に注目すればいいのかがひと目でわかるようになる。

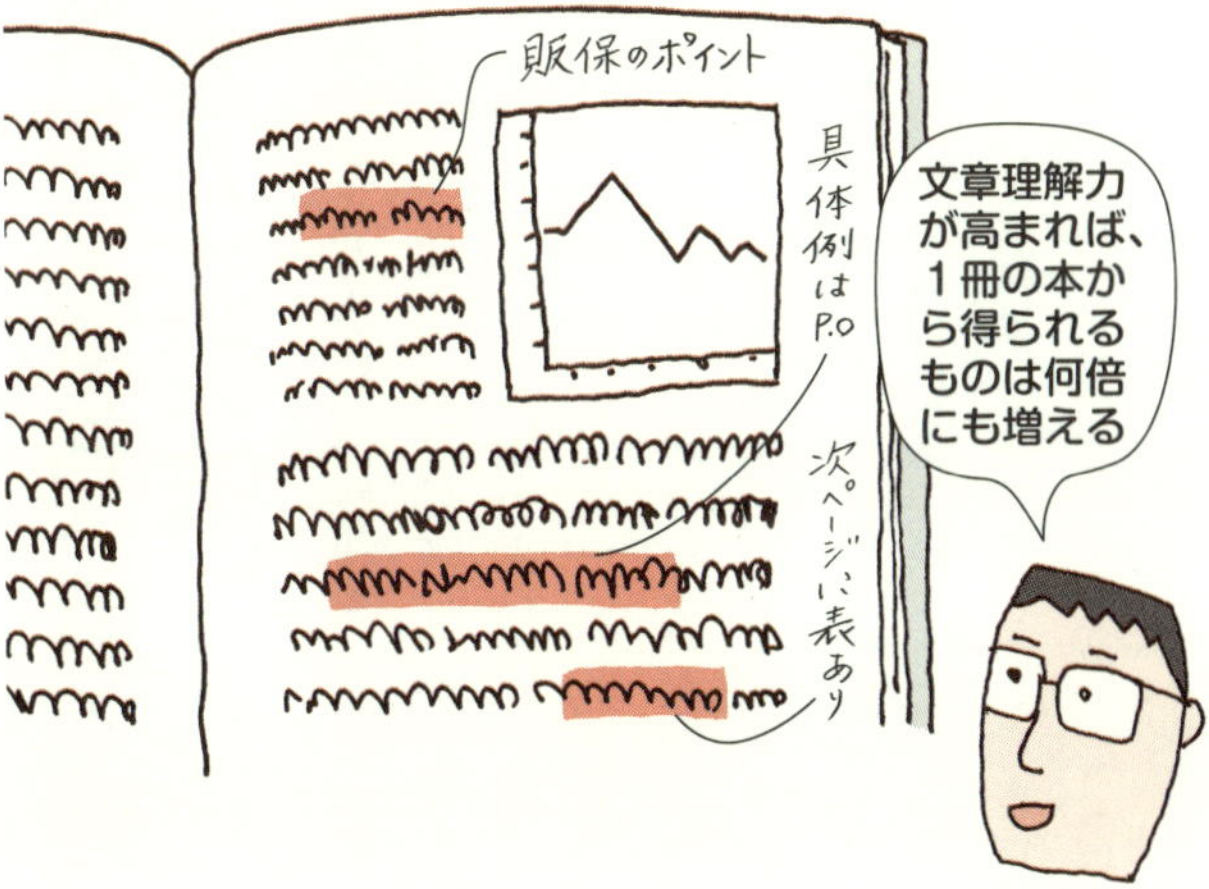
販保のポイント
具体例はP.0
次ページに表あり
文章理解力が高まれば、1冊の本から得られるものは何倍にも増える

また、引き出し線を伸ばした先の欄外に「企画書作成時の注意点」とか「次ページに具体例あり」などと自分なりの補足コメントを入れておけば、より実践的だ。

とくに実用書の場合は、本の内容をしっかりと理解して自分に必要なモノの考え方や実務のやり方を見つけ出さなくては意味がない。

「アンダーライン＋補足コメント」で、どんどん情報を整理しながら読めば、それだけで時間の短縮にもなるし、読んだ分だけ知識や考え方のスキルを身につけることができる。まさに、一石二鳥の読み方なのだ。

難解な文章も一度で理解できる「Q&A読書法」

知識を広めるためには、興味を持っている対象をより掘り下げて勉強してみるのもひとつの手だ。こんなとき頼りになるのが、その分野について書かれた専門書である。

ところが、こういった類の本は開いた途端に見慣れない専門用語などがたくさん出てきて「はたして理解できるのだろうか」と不安になってしまう。こんなときは「とにかく全部読み切ってしまえ」とばかりに、ただがむしゃらにページをめくってしまうと途中で挫折してしまうことになる。だが、本を開く前にあることをすると、それを回避できるのだ。

まず、読み始める前に、自分はこの本からどんな知識を得たいのかを、あらかじめ考えてみる。次に、目次や表紙の裏などの余白に「なぜ、○○なのか?」「○○が知りたい」などと、走り書き程度のメモでいいから書き留めておく。ちょっとしたことかもしれないが、これで**自分がなぜこの本を読むのかという目的と理由を常に意識する**ことができる。

そして、それらの疑問や質問の答えを探すように読み進めていくのだ。

読み始める前に自らの疑問点を明確にしておく

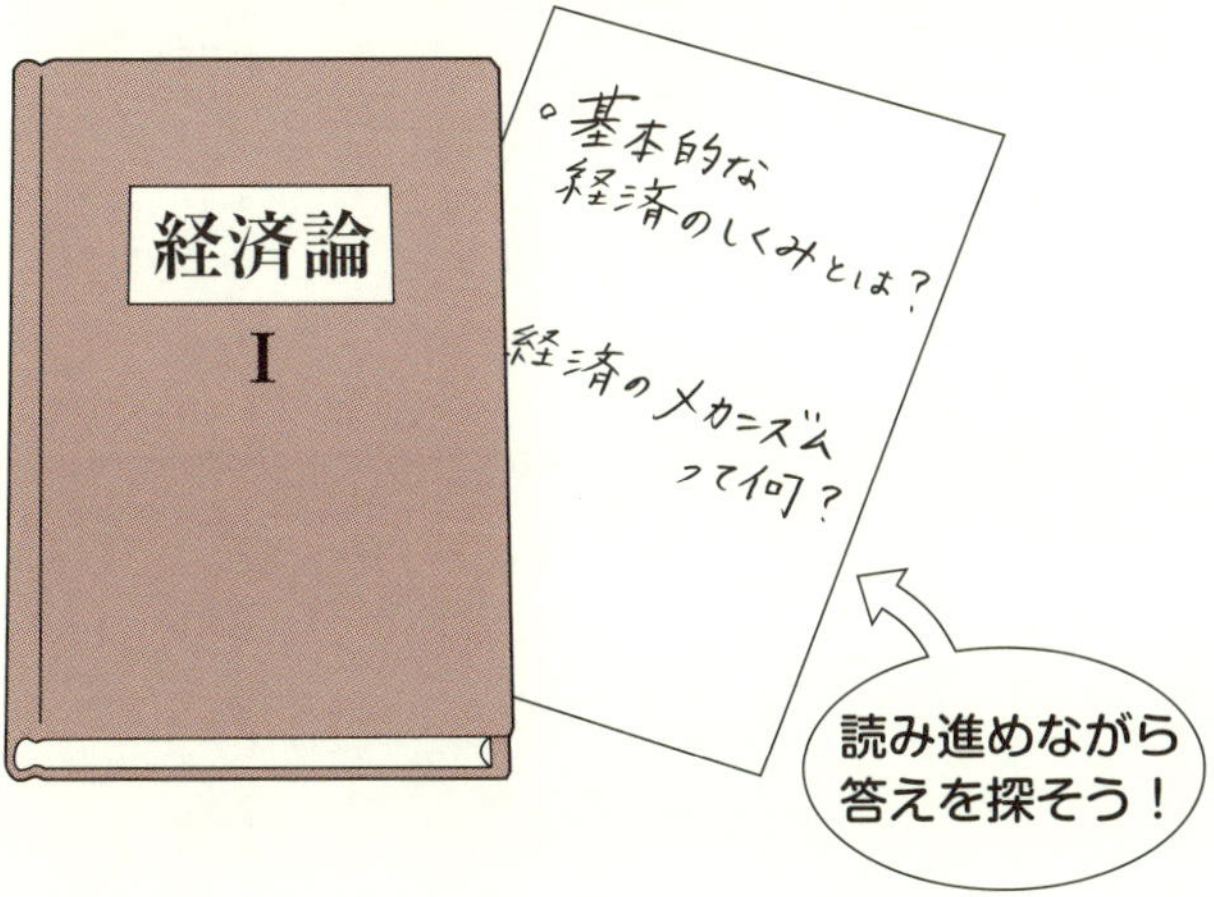
経済論
I
。基本的な経済のしくみとは？
経済のメカニズムって何？
読み進めながら答えを探そう！

たとえば、難解な経済の専門書でも「そもそも経済はどのように成り立っているのか？」とか、「今後の日本経済はどうなるのか？」など、自分が日ごろから抱いている疑問点を明らかにしておくと、読んでいるうちに何らかの引っかかりが必ずでてくるので、本への集中力は確実に高まる。さらに、途中で集中力が欠けてきたときは、メモを読み返して疑問点を再確認すれば、読み続けることへのモチベーションを保てるだろう。

この**「疑問」**と**「解答」**という**「Q&A読書法」**なら、一見難解そうな専門書でも、意外と簡単かつ効率よく読むことができるのだ。

いくら読んでもどうしても中身が理解できないときの奥の手

今まで触れたことのない内容の本や文章を読んだときは、そこに書かれている言葉や文字がすっと頭に入ってこないということがよくある。

なぜなら人間は、自分が経験したことであれば容易に理解できるものだが、新しい言葉や事柄にぶつかると、とたんにイメージできなくなるからだ。

たとえば、仕事で鋳物《いもの》製作会社と取引をすることになったとしよう。「鋳物」の意味は知っていても、それまで関わったり触れたりしたことがないなら、実際にどのような技術なのかはイメージできないだろう。相手の会社の資料だけを読んでいても、文中に出てくる「鋳造《ちゅうぞう》」とか「鍛造《たんぞう》」といった言葉が何を意味するのかわからないはずだ。

しかし、現場に行くとそれは一気に解消される。取引先の工場で溶かした原材料を型に流し込んだり（鋳造）、真っ赤に熱した金属をハンマーのような機械で叩いて強度を増したり（鍛造）するのを見れば、鋳物がどんな作業によって作られているのかを理解できるよう

包丁づくりにはまず鋳造、さらには鍛造で強度を…
ネットや本で調べてもイメージできない…
鋳造
実物を見れば一目瞭然！
鍛造

になる。

文章を読めばたいていのことはわかる、と思っているのは単に思い込みにすぎない。勝手な想像をして間違ったイメージを文字に重ねてしまったら、認識違いのまま物事を理解してしまう。それが仕事に関することであれば大きなミスにつながる危険性もある。

まさに「百聞は一見にしかず」である。**わからないときは現場に一度足を運んで、実物を見てみてはいかがだろうか**。

それだけで、よくわからなかった文章も、情景が生き生きとイメージでき、理解を深めることができるようになるのだ。

読解力ドリル

質問①

よく冷えた白ワインがある。デキャンタ（180ミリリットル）に入ったこのワインには、14パーセントのアルコールが含まれている。では、このワインのフルボトルには何パーセントのアルコールが含まれているだろうか。

質問②

あなたが秘書を務める会社の社長は、イタリア製の高級車を2台、ドイツ車を1台所有している。先月発表した著書『断らない社長』は今週の書店売上ランキングで第3位となった。さて、この社長秘書の年齢は？

質問①の答え…やはり14パーセント
もちろんワインの量が増えてもアルコール度数は変わらない。

質問②の答え…あなたの年齢
問題の冒頭に「あなたが秘書を務める会社の社長」と書いてある。

STEP 2

「集中力」

効率が上がる、やる気がUPする読書法

時間がないときに読書をするには集中力を高めることが必要だ。そこで、なかなか集中できないという人におすすめの、読書を毎日続けるためのノウハウを紹介しよう。

脳の働きが格段にアップする“立ち読み法”

スペースの広い大型書店などでは売り場の一角にイスやスツールが置かれ、ゆったりと座って本が読めるスペースが設けられていたりする。一方、ビジネス書のコーナーなどでは、相変わらず外回りの途中や仕事帰りに立ち寄ったとおぼしきビジネスパーソンが立ち読みしている姿を見かけるものだ。

彼らが意識的にそうしているかはわからないが、じつはこの**「立って読む」**という行為には意外な効果があることをご存じだろうか。

ふつう読書はイスなどに座って静かな環境で読むことがいいとされている。活字を追うには雑音はないほうがいいし、身体をリラックスさせることも大事だからだ。

ところが、書店で立ち読みしているときは、店内は必ずしも静かではないし、楽な姿勢をとることも難しい。そんな条件のなかで、その本が本当に面白いのか、自分にとって必要なのかを見極めなければならないのだから、**ふだん以上の集中力が発揮される**のだ。

集中力がアップするということは、脳の働きも最大限にまで引き上げられるということだ。読む速度や理解する力が向上し、書いてあるポイントを容易につかめるため、１冊の本を読み解くスピードも上がる。

同じような状況は通勤電車などでも当てはまる。電車の振動音や車内放送、人の会話などさまざまな雑音の中で読むのだから、座っていても立っていてもいやおうなしに集中力は上がってくる。「さあ、これから読むぞ」とデスクに向かうよりも、電車内で読んだほうが内容がすんなりと頭に入るという人は少なくないのだ。

ちなみに、電車の中ということでいえば、立っているときに目に入るものに中吊り広告がある。満員で新聞を読む隙間もないような場合は、ここに書かれている見出しを読むことで時代の流れやトレンドをつかむこともできる。

また、最近は駅にもいろいろなフリーペーパーが置いてあるが、情報を得るという意味でも、読む力をつけるという意味でも、気がついたときに手にとってみるといいだろう。

書店での立ち読みは基本的にはご法度だが、立ちながら何かを読むことはけっして悪いことではない。むしろ、いつもと違う環境が脳にいい刺激を与えてくれて集中力が高まるのである。

電車の中が「充実した読書タイム」になるちょっとした工夫

「これからは通勤時間をムダにせず、電車の中で本を読もう」と心に決めても、本をカバンに入れるのを忘れてしまったりして、なかなか始められないという人もいるだろう。

そんな人にぜひやってほしいのは、**玄関の靴箱の上に常に「電車で読めそうな手軽な本」を数冊置いておく**ことだ。そして出かけるときに、適当に手を伸ばして1冊バッグに入れる。こうして、まずは「本を携帯する」という習慣を身につけていくのだ。

このとき、難しい本や読むのにある種の気構えが必要な本はなるべく避けよう。あくまでも、気楽にリラックスして読めるエッセイなどからスタートしたい。

「1時間の通勤時間に知識をいっぱい詰め込んでやろう」と難易度の高い本を選んだり、「電車の中を勉強部屋にしよう」と思って資格試験の本などを持っていっても、ただでさえ気の重い通勤の時間がますます憂鬱になるだけだ。「読まなければならない」というプレッシャーが大きくなって、かえってカバンを開けるのが億劫になる。

玄関の靴箱を「通勤読書用」書棚にする

小説、エッセイ、話題の本、実用書など、さまざまなジャンルの本を揃えておく

あくまでも「手軽に楽しく時間を過ごす」という読書本来の原点に立ち返って、本を選ぶのである。

もちろん、本ではなく雑誌でもいい。忙しい毎日のなかで、雑誌をゆっくり読む時間を探し出すのは意外と難しいものだが、そんな人も電車の中を大いに活用してほしい。

ただし、大判の雑誌を混雑した電車内で広げるのは大変なので、目当ての記事があるときはあらかじめ付箋などを貼っておくといいだろう。

事前に準備しておけば、ちょっとした工夫で通勤時間が充実した読書タイムになるにちがいない。

読書が苦手な人もラクラク読める〝つまみ食い読書法〟

本を読むのが苦手という人にそのワケをたずねてみると、「内容が頭に入ってこない」という答えがよく返ってくる。そんな人は「読まなくては」という思いにとらわれすぎて、自分のキャパシティ以上の本にトライして挫折感を味わっているというわけだ。

本来「本を読む」という行為は、もっと気軽に考えるべきである。何も一度手をつけたら最後まで読まなければいけないわけでもないし、他の本に浮気してはいけないという決まりもない。

そこで、読書が苦手な人におすすめしたいのが、**自分の居場所のすべてに本を用意してみる**という方法だ。たとえば自宅のベッド、トイレ、リビング、会社のデスク、さらには通勤かばんの中などに本を用意しておく。もちろんすべて内容やテーマが異なる本でいい。

そして、立ち寄った場所で少しずつページをめくる。いってみればいろいろな所で**本の〝つまみ食い〟をする**のである。

本が苦手な人ほど、いつも本がある生活を
トイレ
ベッドサイド
リビング
通勤カバン

内容がすんなり理解できるかどうかは、集中力にかかっている。同じ本を30分読むと飽きてくる人でも、トイレにいる間のわずか数分だけなら集中力が持続するはずだ。もちろん気が向かなければ、無理して読まなくてもいいのである。

このくらいの気軽さで取り組むと、思いのほか読書量は増えていく。

この〝つまみ食い読書〟がクセになれば、苦手意識は払拭できたも同然だ。

もちろん、仕事関連の本だけでなく、週刊誌やマンガ、フォトエッセイなども混ぜておく。こうしておけば、緊張と緩和の相乗効果で精神的なバランスもとりやすいだろう。

集中力を高めるＢＧＭ、思考を邪魔するＢＧＭの違い

本は、集中して読んだほうがいいのはいうまでもない。そこで、その集中力を高めるためにＢＧＭ、つまり音楽を流す方法がある。

図書館のような静まり返った場所は、何となく落ち着かなくてかえって読書に集中できないという人がいる。だが、これはとても自然なことで、じつは人間は無音状態の中では緊張感が高まって集中力が下がるのがふつうなのである。

ところが**音楽には、緊張感を和らげ、疲労感を低下させてくれる効果がある。**読書中に音楽をかけると集中力を高める効果があるのだ。

とはいっても、どんな音楽でもいいというわけではない。

自分が好きな音楽だと知らず知らずのうちに音楽のほうに耳を傾けてしまうので、何かを考えるときには邪魔になる。また、日本語の歌詞のある曲は無意識のうちに歌詞の意味を考えてしまい、かえって集中できない。

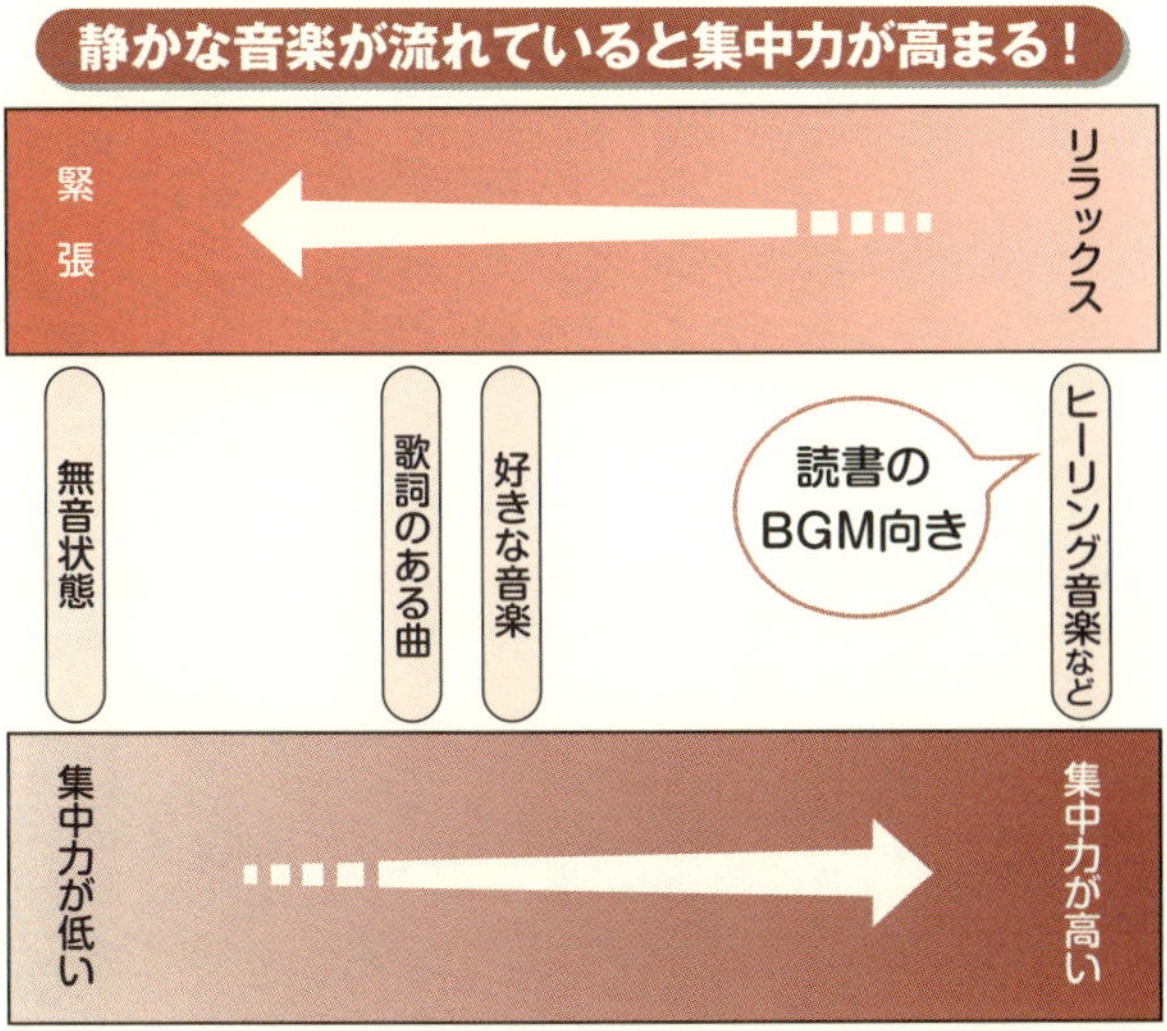
静かな音楽が流れていると集中力が高まる！
リラックス
緊張
ヒーリング音楽など
読書のBGM向き
好きな音楽
歌詞のある曲
無音状態
集中力が高い
集中力が低い

音楽専門のラジオも悪くはないが、これもたまに入るMCやコマーシャルに気が取られてしまうことがある。

最も集中力を高める効果があるのは、**思考の邪魔にならないヒーリング音楽やクラシック音楽などの歌詞のない音楽**だ。

こうした音楽を小さな音で流していると、音を聞こうという意識が薄れて本に集中できる。しかもシンと静まり返っているわけではないので、ゆったりとした気分で本や資料に向き合うことができるのだ。

「集中力を高めるには無音状態がベスト」というのはただの思い込み。ぜひ自分に合ったBGMを見つけてほしい。

集中して読みたいなら“細切れ読書”がいい

読書の時間を増やせば、それだけ読書量が増えるし、そこから得られる情報も多くなると考えがちだが、長時間読書をすればいいというわけではない。なぜなら、人間の集中力には限度があるからだ。

ふつう人間が集中していられる時間は、時間帯や環境、体調などにもよるが、だいたい30分～1時間だといわれる。それ以上はいくら読書しても、注意力が散漫になってしまう。だから、その時間を目安に**「読書に集中する→休む」を繰り返す**のがいいのである。

さらに集中力を上げたいなら、目的意識をはっきり持つことが重要だ。何のためにそれを読んでいるのか、その目的が明確なほうが集中力は高まるからだ。

また、集中して読むためには余計な不安を持たないことも重要だ。「この本を読んでも、自分には活かせる力がない」といったマイナス思考は、理解する力を妨げる。「これを読むことが自分にとって大きなプラスになる」という前向きな気持ちが集中力につながるのだ。

休憩を入れながら読んだほうが集中できる

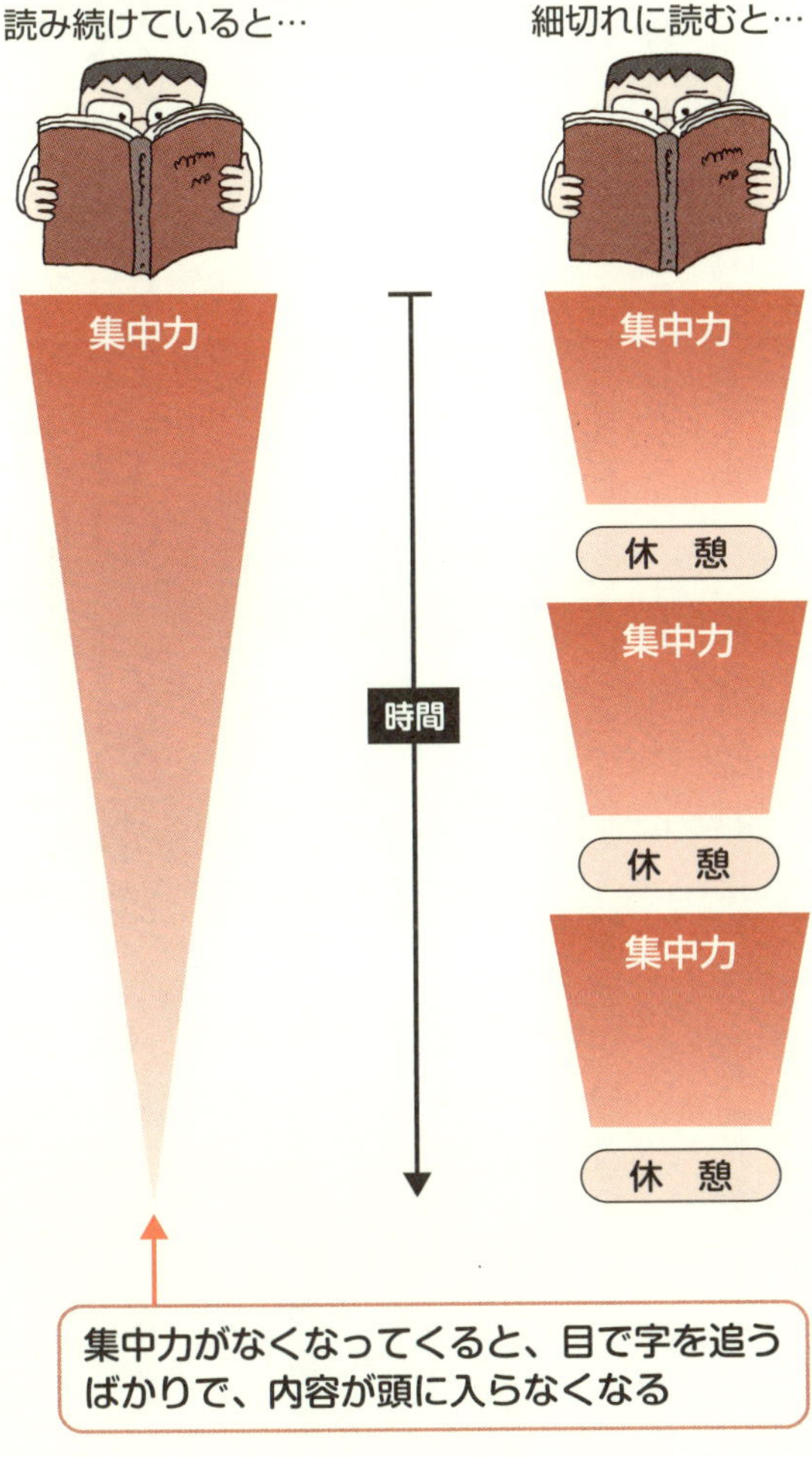
読み続けていると…
細切れに読むと…
集中力
時間
集中力
休　憩
集中力
休　憩
集中力
休　憩
集中力がなくなってくると、目で字を追うばかりで、内容が頭に入らなくなる

「読む気にならないもの」こそ「自分に必要なもの」である

音楽でも映画でもそうだが、人間にはそれぞれ好みがある。たとえば、クラシックは好きだけどアイドルのヒットソングは馴染めないという人、恋愛映画は好きだけど、戦争映画やアクション映画はあまり見たくないという人もいる。

本も同様に好き嫌いがあるだろう。苦手なジャンルのものはつい避けてしまい、好きなものばかりを読みたがる傾向が人にはある。

ところが、その苦手なものが、じつは〝宝の山〟だったりする。

心理学的に「嫌い」という感情は、その人にとってはすでに意識している対象なのである。本当に興味がなければ目にも留まらないはずなのに、苦手だといって遠ざけるということは、そこに自分が目を背けたくなるもの、言い換えれば弱点が潜んでいる可能性があるのだ。

つまり、**苦手なものをあえて手にとって読んでみることで、自分の世界や価値観をぐっと広げることができる**のである。さらに、なぜ自分はそれを苦手と思っているのか、冷静に

苦手な分野に一歩足を踏み入れる勇気も必要

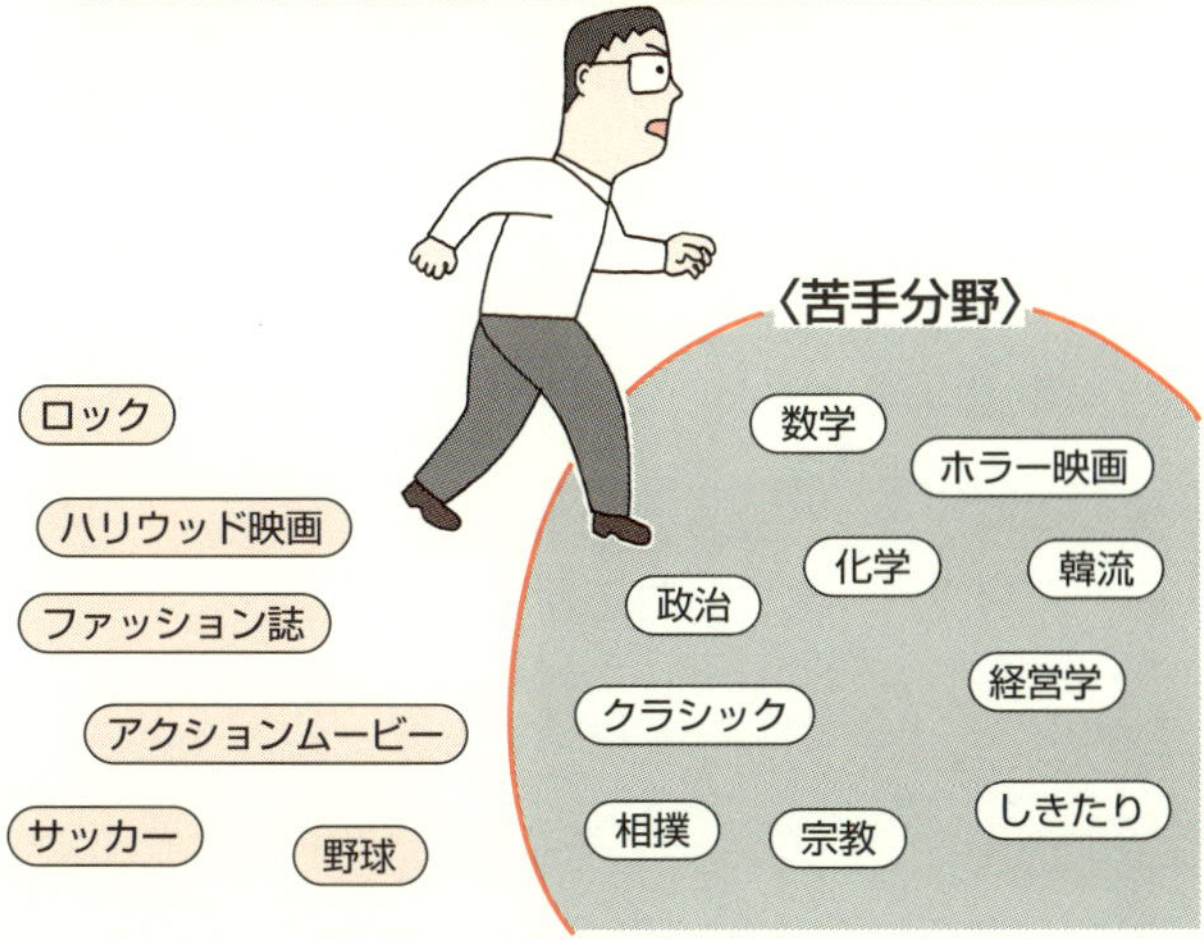
〈苦手分野〉
ロック
ハリウッド映画
ファッション誌
アクションムービー
サッカー
野球
数学
ホラー映画
化学
韓流
政治
経営学
クラシック
しきたり
相撲
宗教

考えることもできる。

そこで、まず自分の好きなもの、嫌いなもののリストを作ってみるといい。これによって自己分析もできるし、このリストで自分に足りないものを見つけることもできる。

また、この方法は「どんな本を読んでいいのかわからない」と悩んでいる人にも適している。嫌いなものを新鮮に感じられるようなら、それだけで十分収穫を得たといえるだろう。

自分自身の「人間力」を広げてくれるものは、苦手なもののなかにこそ潜んでいるともいえるのだ。

集中力ドリル

質問①

話題のビジネス書を手に入れた。この週末に一気に読んでしまいたいのだが、集中して読書をしたいときに最適な環境は次のうちどれ？

A　静かなクラシック音楽を流した部屋で読む
B　ＦＭラジオをつけた部屋で読む
C　まったく音のしない部屋で読む

質問②

質問①で手に入れたビジネス書をより集中して読む方法は？

A　30分〜1時間を目安に、「集中する→休む」を繰り返す
B　小休止を挟むと全体の流れがつかめないので、とにかく最後まで読み通す

質問①の答え…A
人それぞれかもしれないが、無音状態では緊張感が高まりかえって集中できないことが多い。歌詞や人の声の入らないクラシック音楽がＢＧＭとしては最適。

質問②の答え…A
注意力が散漫になった状態で読書を続けても、ただ文字を目で追うだけで内容は頭に入ってこない。それなら休憩を挟みながら読んだほうがはるかに集中できる。

STEP 3

「速読力」

誰よりも速く理解するテクニック

書籍、雑誌、新聞など読むべきものは山ほどあるのに、ぶ厚い会議の資料を短時間で読まなければならないこともある。そんなときにより速く、より多く読める究極の技術とは？

「ものさし」ひとつで ムダな「読み返し」がなくなる

読書をしていて、なぜか同じ行を何度も読み返してしまってイライラするということはないだろうか。

もちろん「意味がわからないので繰り返して読んでいる」という場合ではなく、無意識に同じ行を何度もたどってしまった場合の話である。いうまでもなく、これはたいへんな時間のロスである。

そんなムダな読み返しをしないためにも、読書のときにはちょっとしたアイテムを使いたい。用意するのは、**「ものさし」**だ。できれば、透明なものではなく、色がついていて透けていないものがいい。

このものさしを横書きであればページの上に当て、縦書きであればページの右側に当てて、**読み終えた行を隠しながら読んでいく**のだ。こうすれば、一度読んだ行をもう一度目で追うことがなくなる。時間をムダにすることなく先へ読み進めることができるというわけだ。

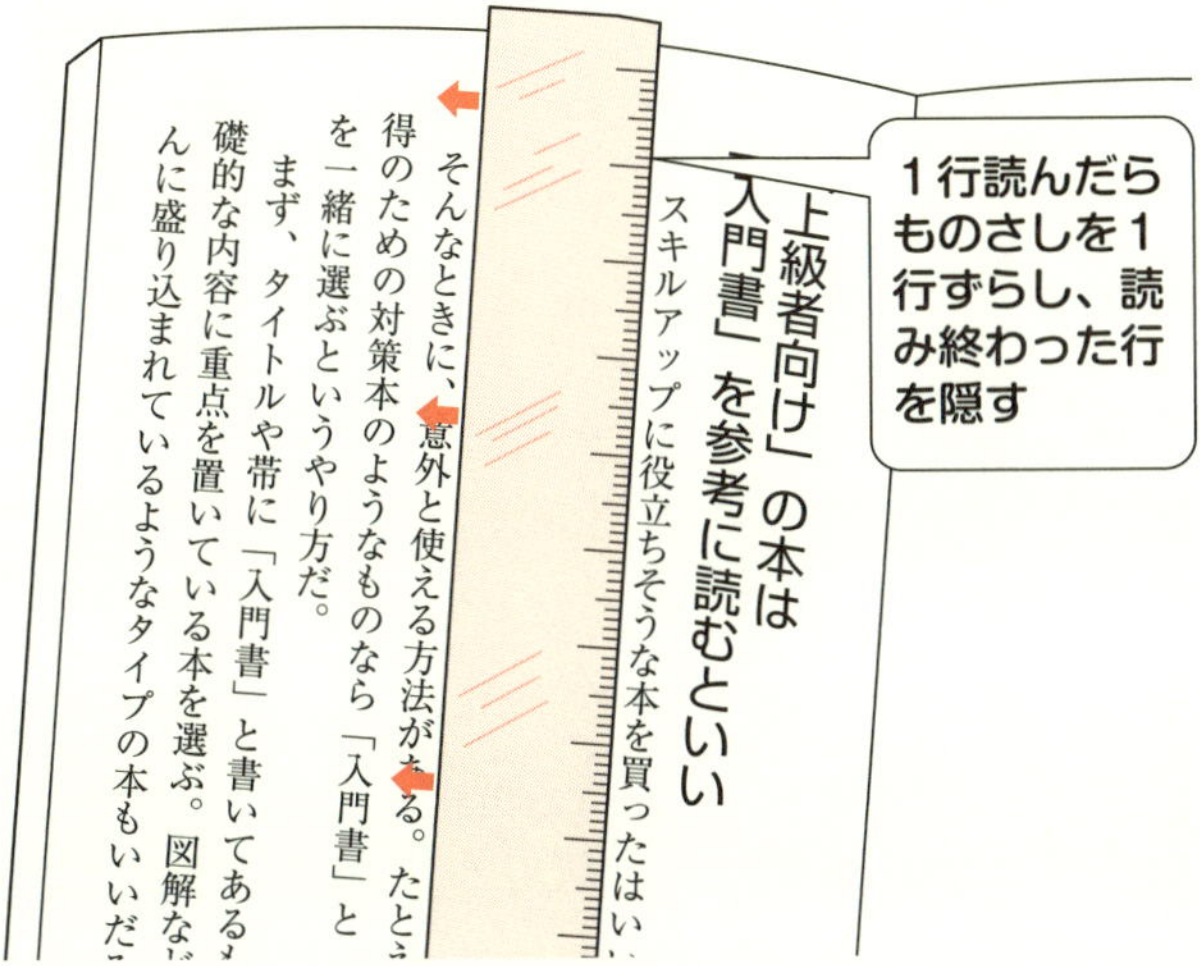
１行読んだらものさしを１行ずらし、読み終わった行を隠す
上級者向け」の本は
入門書」を参考に読むといい
スキルアップに役立ちそうな本を買ったは
そんなときに、意外と使える方法がある。たと
得のための対策本のようなものなら「入門書」と
を一緒に選ぶというやり方だ。
まず、タイトルや帯に「入門書」と書いてある
礎的な内容に重点を置いている本を選ぶ。図解な
んに盛り込まれているようなタイプの本もいいだ

実際にやってみるとわかるが、ものさしを置いておくと目線を移動させるときに次の行はどこかということに意識を向ける必要がないので、読むことへの集中力もアップする。

もちろん、電車で移動中などにものさしを携帯していなかったら、他のモノで代用してもいい。文庫本などは書店でもらえる紙のしおりでも十分だし、財布に入っているレシートを細長く折ったものでも使える。

新聞や雑誌であれば、わざわざものさしを使わなくても、ページを折るなどすれば簡単に読んだ部分を隠していくことができる。

「斜め読み」より効果的な〝タテ読み〟とは

たとえば、明日の会議までに読まなければならない書類や資料が山積みだったり、できるだけ多くの企業のホームページに目を通さなくてはならなかったりすると、それだけで気が滅入ってしまう。仕事に対するやる気ばかりか熱意までもが一気に失せてしまうことにもなりかねない。当たり前のことだが、文章を読むにはそれ相応の時間が必要である。

こんなときに役立つのが「速読」だ。

ふつう文章を読むときには、一字ずつ目で追っていく「なぞり読み」をするもの。でも、これではどうしたって読書量は上がらない。しかも、速読には専門的なトレーニングが必要で、「シロウトにはとても無理」だと思っている人も多いだろう。

だが、何種類かある速読法のなかで、比較的誰にでも簡単に取り組める方法がある。それが、「タテ読み」だ。

たとえば、横書きの文書なら左から右に1行ずつ目で追いながら読むのがふつうだが、

1行の文字数が少ない文章で練習してみよう

タテ読み目線

きょうのことば

●鈴木太郎

今まで全力でやってきたことを出し尽くすのみ。それができれば決して後悔はしないと思う。その先に最高の感動が待っていると信じている。明日が楽しみ。

タテ読みは**目線を上から下へ動かすだけでなく、ヨコ方向にも動かして文章をブロックでとらえる**のである。

このとき、目だけでなく顔も一緒に動かしていくのが上達のコツだ。慣れてきたら句読点は飛ばして文字だけを読んでいく。とにかくスピードアップを意識して読むことが大事なのだ。

1行にぎっしりと文字が詰まっている文章となると難しいが、20文字程度なら訓練しだいで楽にタテ読みできるようになる。そうすれば、文字をひとつずつ追わなくても内容が頭に入ってくるようになり、読むペースがみるみる上がってくるのだ。

速読は「文字を追う」ではなく「文字を眺める」

文章を「タテ読み」をするときはブロックでとらえると前述したが、そうは言われても難しいという人は、視野に入れる文字数を増やす練習をしてみてはどうだろう。

ふつう、文章を読むときは1文字ずつ目で追いながら、文節でとらえ、そして文章全体の意味を感じとっていく。しかし、いちいち1文字ずつ追っていたのではスピードが遅くなってしまう。そこで、**読むスピードを上げるために、視野の中に入れる文字数を意図的に増やす**ように心がけるのだ。

たとえば1文字ずつ目で追うのではなく、言葉や文節、行単位、文章単位で大きく視野に入れて、その意味を把握していけば、当然のことながら読むスピードは速くなる。つまり、**視野に入れる範囲を、1行、3行、5行……というように段階的に増やしていけばいい**のだ。

説明を聞くだけでは難しそうな印象があるかもしれないが、実際にやってみると意外とそうでもない。

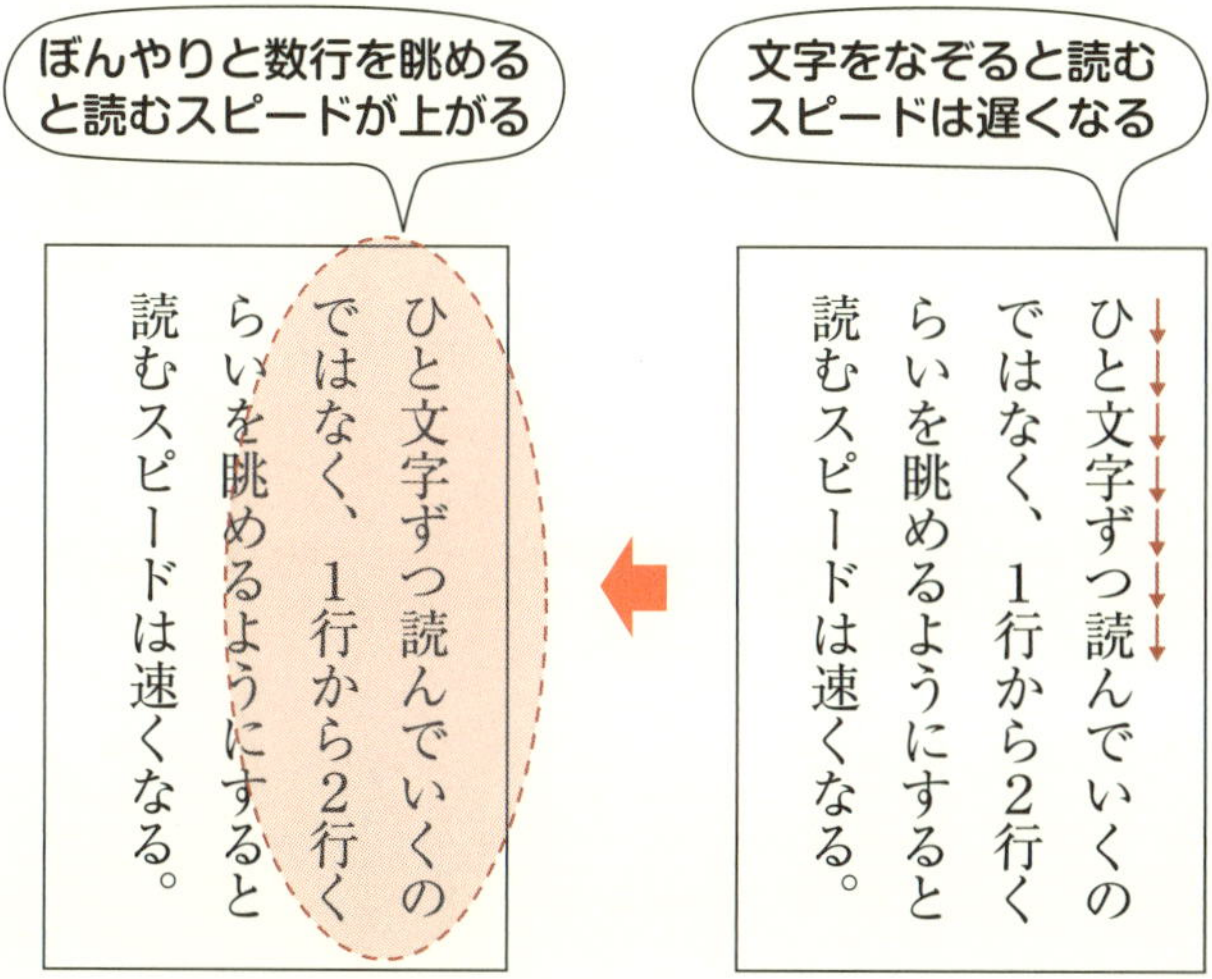
文字をなぞると読むスピードは遅くなる
ひと文字ずつ読んでいくのではなく、1行から2行くらいを眺めるようにすると読むスピードは速くなる。
ぼんやりと数行を眺めると読むスピードが上がる
ひと文字ずつ読んでいくのではなく、1行から2行くらいを眺めるようにすると読むスピードは速くなる。

心を落ち着けて、ゆったりした気分でページと向き合い、なるべく視野を広くしてページを眺めるようにすると、多くの文字や行が〝見えて〟くるはずだ。

しかもそれを繰り返すうちに、あまり重要ではない細かい文字には注意がいかなくなり、重要なキーワードだけが目にとまるようになる。そして、全体が把握できるようになるのだ。

そうすれば、1ページの内容を頭に入れるまでの時間は、確実に短縮できる。

最初は、新聞の小さな記事で練習してみるのもいいだろう。面積の小さな記事を、文字を追うのではなく全体を眺めるようにして読む訓練をしてみよう。

“フォトリーディング”を
マスターすれば秒速で読める！

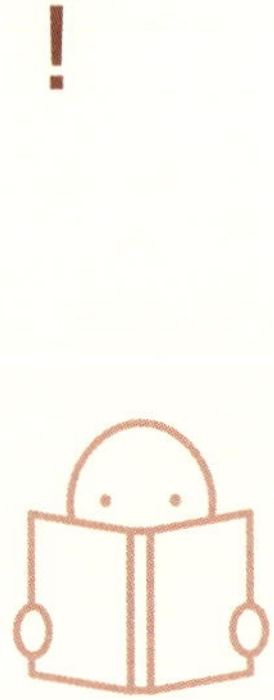

本をパッと開いたとき、ある一点に視線を集中させて一度に認識できる文字の数は、せいぜい8文字程度だといわれている。その続きは、視線を動かして文字を追わない限り読むことはできない。

私たち人間の眼球は、カメラのように一度でページ全体をとらえることはできない……と、思われがちだが、本をまさに写真のようにとらえる読書法がある。それが「フォトリーディング」である。

フォトリーディングとは速読法の一種で、その名の通り**ページを画像のように目に取り込んで読む技術**である。この方法を実践するには、フォトフォーカスの訓練が必要である。

フォトフォーカスとは3D写真などを立体視するときに用いる方法で、次のようにして行う。

まず、壁に向かって視点を任意の1カ所に集中させる。そして視線はそのままにして、目から40センチメートルくらい離れた位置に、両手の人差し指同士を5センチメートル程度開けて向かい合わせに固定する。

　この状態でひたすら壁の1点を見つめていると、指と指の間にもう1本の指が浮かんで見えてくる。これがフォトフォーカスである。焦点をぼやかして全体を見るこの方法で本を読むと、文字をイメージ画像のように目に取り込むことができるのだ。

　文章をイメージでとらえるのでインプットする時間はわずか数秒。これに成功すると、神経を集中させ、キーワードを頭の中で検索するだけでピンポイントで情報を取り出せる状態になる。たとえば、「会議に必要な情報は？」とか「テーマになっている項目は？」などと自分の頭に質問を投げかけ、実際に情報を取り出すのである。

　この方法は、本や雑誌だけでなくインターネットの画面にも応用できる。たとえば講義のテキストや新聞の論説など、ボリュームの多い文章を処理するのに役立つ。

　当然、慣れるまでは何度もフォトフォーカスを繰り返すトレーニングが必要だが、情報処理にスピードが求められる職種の方なら覚えておいて損はない。

　まずは、人差し指を3本見ることができるかどうか、試してみるだけでも価値はありそうだ。

「1日1冊」が可能になる読書タイムの作り方

どんな職種であろうと、ビジネスパーソンにとっては、仕事に役立つ本や雑誌を読むことも仕事のうちである。

であれば、1日のうちで余った時間を読書に充てるというやり方では追いつかない。とくに毎日のように新刊が出るビジネス書などは、できれば1日1冊を目標に読みこなしたいものだ。

「1日1冊なんて、いくらなんでも現実的には難しい」と思うかもしれないが、簡単な工夫で不可能を可能にすることができる。

その工夫とは、**読書の習慣を暮らしの習慣とセットにしてしまう**ことだ。

誰でも1日の生活のサイクルはある程度決まっている。たとえば、朝6時に起きて7時に朝食をとるという人なら、その間の30分間を読書タイムに設定する。7時30分から1時間通勤電車に揺られているなら、そこも読書タイムに充てる。

生活習慣とセットにすれば、読書タイムはこれだけ作れる

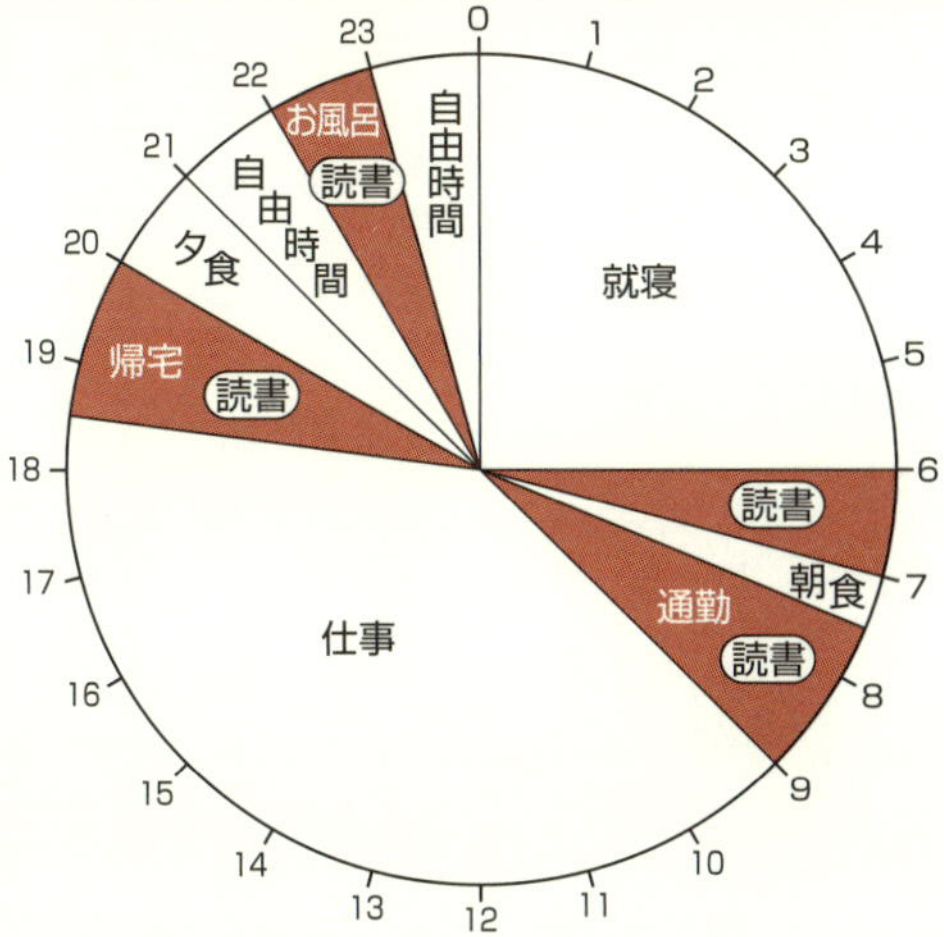

さらに帰宅するときの通勤時間や、夕食後にゆっくりお風呂に入るなら、湯船に入っている時間も読書に充ててみる。

つまり**起床後、通勤電車、入浴の「3つの習慣」と読書をセットにして習慣化させる**のだ。

こうすれば、わざわざ時間をつくらずとも毎日読書をする時間を増やすことができる。

さすがに食事や睡眠をとるのと同じようにはいかないが、読書を生活の一部に取り入れて習慣化することはそれほど難しいことではない。情報をインプットする量を増やすためにもぜひ試してみてほしい。

3章まで読んでも面白くない本は読んではいけない

少し前のことだが、突如としてドストエフスキーの小説『カラマーゾフの兄弟』がブームになり、新聞などで話題となった。

文庫で4～5巻にもなる長編で古典文学の名作である。こういう作品は物語を楽しむという目的だけでなく、途中から「読み切る達成感」という別の目的も発生してくる。「読破する」ことにとても大きな意味があるように感じてくるのだ。

だが、小説ならばある程度読み進めるうちに、物語に夢中になって読み切れることもあるが、ビジネス書などはそうはいかない。1章、2章と読み進めてはみたものの、「書かれていることにピンとこない」など違和感を持ち始めたら、なかなか前に進めなくなる。

しかしこんなとき、「自分に理解力がないのでは」と落ち込む必要はない。日々、大量の新刊が出ている昨今、そのすべてが自分に合うとは限らないからだ。

では、いったいどこまで読んで見切りをつければいいのか。その目安はせいぜい3章ま

この本は考え方が
合わない…
面白くない…
第4章

…と思ったら、潔く読むのをあきらめる

でである。

最後まで読まないと結末がわからない小説などと違って、ビジネス書は少なくとも3章までには著者の主張が出てきて内容が明らかになってくる。

だから、**3章を読みきった段階で「面白くない」と感じたなら、その本はあなたにとってハズレだったということ**だ。

せっかくお金を出して買ったのに最後まで読まないのはもったいないという気もするだろうが、見方を変えれば「つまらない本に費やす時間のほうがもったいない」のである。時はカネなり、と割り切って、新しい次の本を探したほうがいいだろう。

お金をかけずに効率的に「多読」をする裏ワザ

気になっているテーマに関して、少しでも「関係がある」と思ったり、「あまり関係はないが、読んでおけば何かの役に立ちそうだ」と思った本は、できる限り目を通したい。「多読・濫読《らんどく》」は、多くの知識を得たり興味を広げるためには必要な読書方法である。

しかし、現実にこれをするとなると経済的な負担が大きくなりすぎる。そこで活用したいのが、**図書館**だ。

興味を持った本があれば図書館から借りて読む。場合によっては、わざわざ借りなくても、図書館内で必要な部分だけを読んで済ませることもできる。予算を気にすることなく、いろいろな本を読むことができるのだ。

さらに図書館のいいところは、本や雑誌が分野・ジャンル別に細かく分類されて並べられている点だ。おかげであちこち迷うことなく、関連する分野の書棚を丹念に見ていけば探している本を見つけることができる。

経営
経営の話
経営術
経営の神様
もっと知りたい会計
経営Q&A
よくわかる経営
経営史
経営の歴史
あの会社がいい
経営学
会社法
ひとつのテーマの棚を読破すれば
幅広い知識と情報が得られる

また、**ひとつの書棚にある本を順番に読んでいけば、それだけでひとつのテーマに関する「多読・濫読」をしたことになる。**

ある意味で図書館とは「多読・濫読」をするための便利な施設だと考えることもできる。

もちろん、「お金がかからない」というメリットを最大限に活かし、「絶対にお金を出しては買わないだろうな」というような豪華な本や全集、自分の興味とはまったく関係のない本をあえて読んでみるのもいいだろう。

図書館に行けば、思いがけない本との出会いが待っているかもしれない。

速読力ドリル

質問①

気になるタイトルの本を購入しているうちに読んでいない本が何冊もたまってしまった。速読・多読をするためのテクニックとして効果的なものは？

A　1行ずつではなく、視野に入れる範囲を2行、3行と増やすようにする
B　通勤時間でも帰宅後でもいいので、毎日30分読書をする時間の枠を決めておく
C　1章から3章までを読んでピンとこない本は潔くあきらめてしまう

質問②

速読は、自分の読みたい本でトレーニングをするのが基本。最も効果が上がる本は次のうちどれか？

A　文字数が少ない本
B　専門用語や数字、英語訳などを多用している本
C　文字が大きい本
D　字間と行間が詰まっている本
E　1行の長さが短い本

質問①の答え…ABCのどれも正解
自分に合った方法を選んで読書をするといい。

質問②の答え…A、C、E
内容が難解で、文字がびっしりと詰まっていて1行が長い専門書のような本は、基本的なトレーニングには不向き。「文字が大きい」「文字が少ない」「1行が短い」と3拍子揃ったレイアウトの本がいい。

STEP 4

「情報収集力」

有益な情報をすばやく見極める技術

忙しい合間にせっかく読むのだから、有益な情報をすばやく見極め、その情報をうまく活かさなければもったいない。そんな情報収集の達人が教えるテクニックとは?

重要部分を短時間で見極める「拾い読み」と「めくり読み」

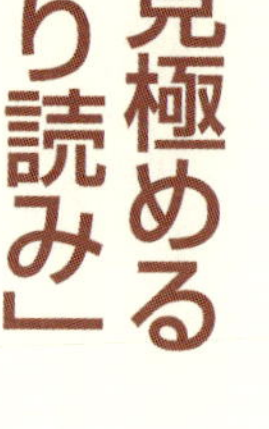

仕事で「読まなくてはならない本」というのは、漫然と読んでいては効率が悪い。理解力は上がらないし、記憶にも残らなかったりする。ただ時間だけがダラダラと過ぎていくばかりで、本来の読書の意味が見出せなくなってしまう。

たとえば、ここにどうしても明日までに読んでその内容をまとめなければならない本があるとしよう。しかし、最初から最後までをじっくりと通読するのには時間的に無理がある。

そんなときには、速読で解決しようとせずに、まず**その本の〝キモ〟を見つける**ことに専念したい。たしかに速読も読むスピードを上げるのには役立つが、内容をしっかり把握するのには不向きだからだ。

そこで、まずは目次をざっと見て、重要なポイントになりそうな項目をいくつか選んで拾い読みしていく。ここで大事なのは、次の項目に移るときにページを確認しながらいきなり目的のページを開くのではなく、**全体をパラパラとめくってみる**ことだ。勘のいい人なら、

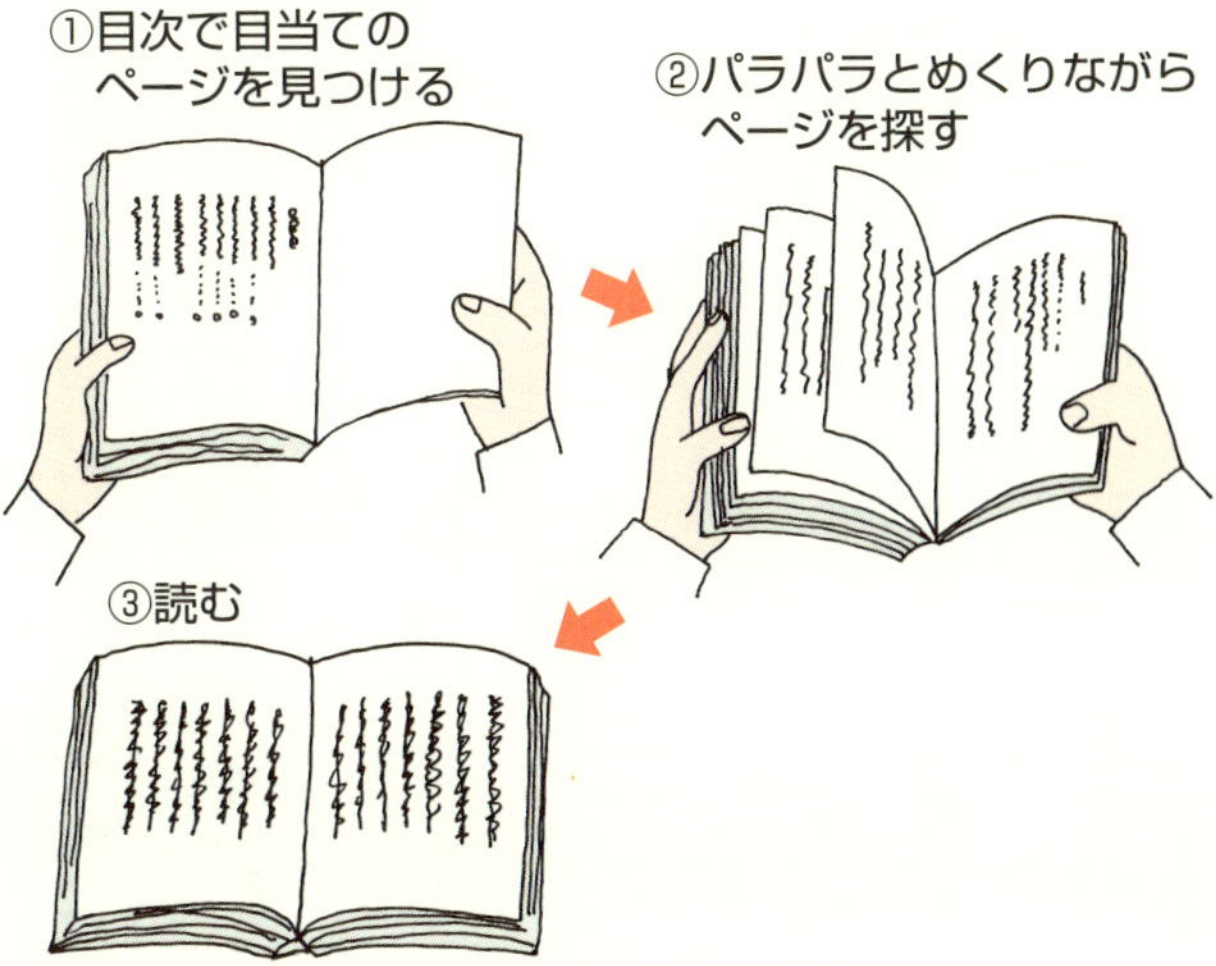
①目次で目当ての
ページを見つける
②パラパラとめくりながら
ページを探す
③読む

このときに目に入ってきた文字で、その本がいわんとしていることを発見できることもある。

書店などで本を選ぶときにも、まず目次に目を通し、全体をパラパラとめくるようにする。これを繰り返せば、いったいどのあたりで核心に触れているのか、構成のパターンも自然にわかるようになる。

本の種類にもよるが、上手にキモを見つけ出せるようになれば、全体のページ数の3割くらいを読むだけでその本の主旨が理解できるようになる。大量の資料を処理しなければならないようなシーンでもおおいに役立つだろう。

「著者プロフィール」にこそ本の本質が隠されている

書店のビジネス書のコーナーなどに行くと、お金に関する本をひとつとっても、さまざまな著者によるそれぞれの切り口で書かれた本が並んでいる。その中から1冊を選ぶのはけっこう迷うものである。

だがじつは、本選びの手がかりは、本の中の〝ある部分〟に隠されている。それが、**「著者プロフィール」**だ。

どんな本にも、たいていは著者のプロフィールが紹介されている。プロフィールには、筆者の名前や性別、生まれた年はもちろん、学歴や職歴、他の著作物などが紹介されている。これらを読むことで、**どんな立場から書かれているのか、どんな経験にもとづいて書かれた本なのかがわかる。**

たとえば、外国について書かれた本の筆者が留学や海外勤務の経験があるとわかれば、それだけ生きた使える情報が書かれていることになる。

　また、何か新しいビジネスについて書かれた本の著者が、経済や経営学の専門家であれば、経済全体の流れのなかでの、そのビジネスに取り組む価値や公算について述べられていることが予想できる。

　また、そのビジネスに関連する企業に在籍した経験のある著者が書いた本なら、成功談や失敗談など読者が知りたいリアルな話題にも触れているだろうし、同じビジネス本でも、大学で心理学を学んだ経験のある著者の本なら、消費者の心理考察など深みのあるビジネス論が展開されているはずである。

　また若い著者なら、若い世代や最近のトレンドなどに対して敏感であり、新しいビジネス感覚のヒントをもらえるはずだ。逆に年配の著者であれば、ものごとを大きな視点からとらえた含蓄のある文章で、生きるヒントや勇気を与えてくれるだろう。

　わずか数行のプロフィールだが、そこには、その本の質と方向性を見極めるための情報が凝縮されているのだ。

　プロフィールは、たいていは表紙カバーの見返したところか、奥付（書籍の最終ページのこと。題名や著者名、出版社、発行者、発行年月、版数など、その書籍に関する基本事項が書かれている）のページに掲載されている。ぜひチェックしておきたい。

本の中身をすぐに知りたいなら「あとがき」を先に読め

ほとんどの本には「はじめに」がある。読書の取っかかりとして目を通す人は多いと思うが、**「あとがき」**のほうはどうだろう。

あとがきについては、「どうせ本文の付け足しだろうから、最後に読めばいい」と考えられがちで、いつも読み飛ばしているという人も少なくないだろう。

しかし、じつはこのあとがきにこそ、本を選ぶ際の重要な情報がまとめられているのだ。あとがきには**その本の総括的な内容が端的に書かれていることが多く、場合によっては、その本を読むための指針にもなる**のである。

たとえば「派遣と労働」に関する本を探しているとする。このとき、ただ「派遣」や「労働」をキーワードに探しても、なかなかこれといった本は見つからないものだ。「現代の派遣」がテーマなのか、「派遣が生まれる仕組み」がテーマなのか、あるいは「過去の労使関係の歴史」を振り返った本なのか——。タイトルだけではなかなか見えてこない、そうした情報

「あとがき」にはこんなことが書かれている

●この本が書かれた目的
●どんな読者を想定して書いたか
●この本が生まれた背景
など
あとがき
あとがきを読めば、自分が求めている内容かどうかがわかる！

があとがきを読むことによって簡単にわかってしまうのだ。

また、あとがきには、「おおまかなアウトラインを知りたい人」が対象なのか、「より深く学びたい人のための本」なのか、といった筆者が読んでもらいたい読者層についても書かれている場合がある。ここを読めば、自分が求めている内容の本かどうかがひと目でわかるのだ。

いわば、「あとがき」は、本を選ぶ人にとっての「地図」のようなもの。書店で買う場合には、まず先に「あとがき」を読んで、自分が求めている内容やレベルに合っているかどうか確認することを習慣づけたいものである。

本選びの達人が教える「1分」でいい本を選ぶ技術

前項で触れたように、著者のプロフィールを先に読む方法や、あとがき、目次を先に読む方法など、本選びの方法はいくつかあるが、では実際に書店では、どんな〝順番〟で目を通せば良書を素早く選ぶことができるのだろうか。ここでは、読書の達人が行っている、いちばん効率的な本の選び方を紹介しよう。

まず、著者のプロフィールを確認する。次にあとがきを見て、目次を見る。最後に本文をざっと眺める。この順番が上級者の本選びのテクニックなのである。

この流れでいけば、判断に要する時間は約1分だ。その1分の内訳はこうである。

著者のプロフィールを確認する時間が15秒程度。もちろん好きな著者やすでに読んだことのある著者の場合はこの確認作業は省略する。そして、**あとがきに10秒**。さらに**目次から構成や内容を知ることに10秒**だ。

そして**残りの25秒程度で本をぱらぱらとめくって中味を見る**。その間に気になる言葉が

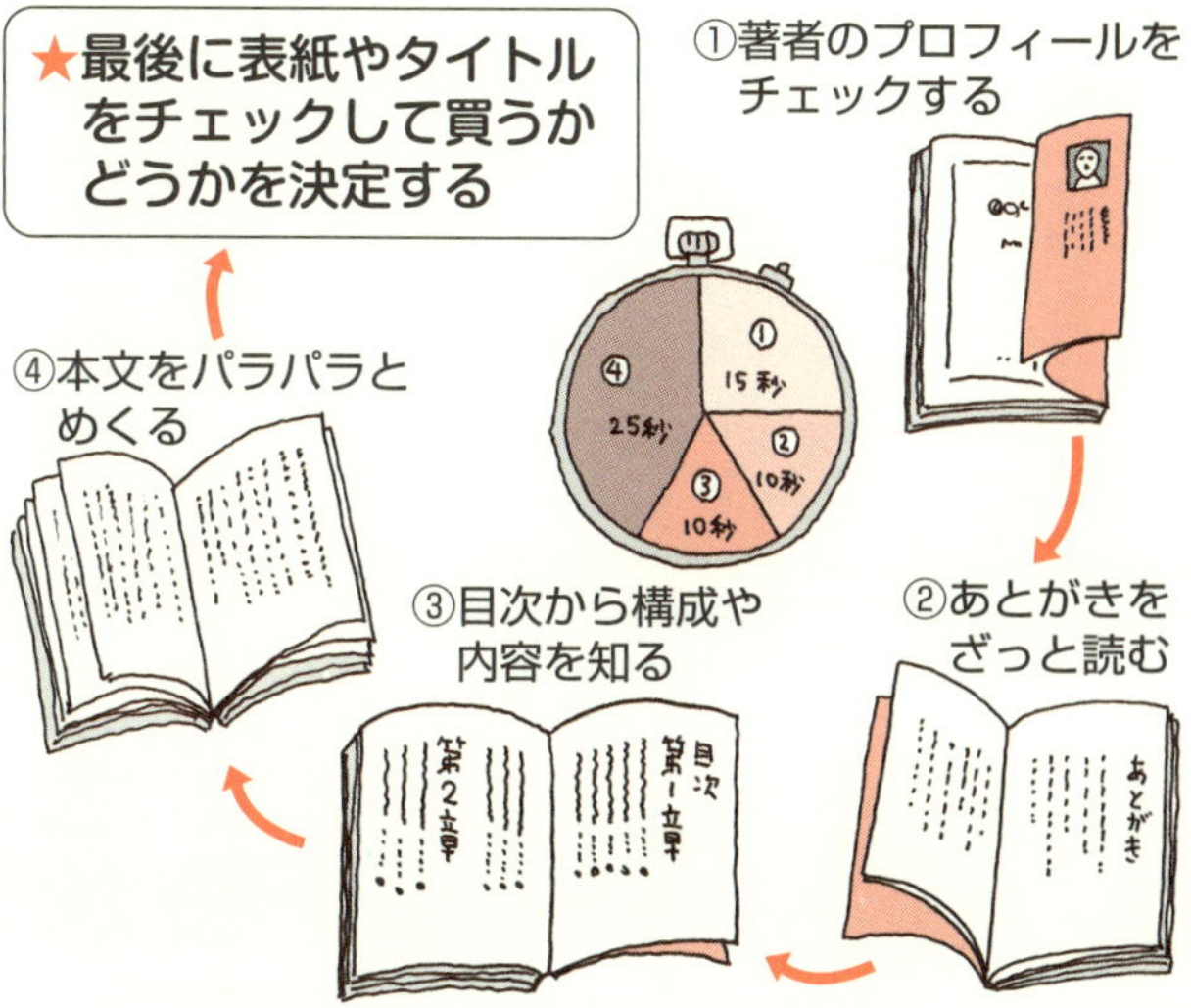
★最後に表紙やタイトルをチェックして買うかどうかを決定する
①著者のプロフィールをチェックする
②あとがきをざっと読む
③目次から構成や内容を知る
④本文をパラパラとめくる
①
15秒
②
10秒
③
10秒
④
25秒
目次
第1章
第2章
あとがき

数回出てくれば、読む価値はあるとみていい。あとは表紙の雰囲気、タイトルなどから最終的に判断してもいいだろう。

この1分で判断する方法は、朝の出勤前や取引先への移動の途中に書店に立寄ったときなど、わずかな時間で本を選ぶときに便利だ。

また、時間潰しにふらっと入った書店で「何か面白そうな本はないかな」と探すときにも活用してみてほしい。

時間があるついでに、プロフィールを見るところから本をパラパラとめくるところまでの一連の動作を1分間でできるように練習しておくと、いざというときにきっと役立つにちがいない。

「上級者向け」の本は「入門書」を参考に読むといい

スキルアップに役立ちそうな本を買ったはいいが、あまりの難しさに読み進められなかった、という経験はないだろうか。数ある本のなかで、今の自分のレベルにぴったり合った本を見つけ出すのはなかなか難しいものだ。

そんなときに、意外と使える方法がある。それはたとえば、資格取得のための対策本のようなものなら**「入門書」と「中・上級書」を一緒に選ぶ**というやり方だ。

まず、タイトルや帯に「入門書」と書いてあるものや、基礎的な内容に重点を置いている本を選ぶ。図解などがふんだんに盛り込まれているようなタイプの本もいいだろう。続いて同じ分野で「中・上級者向け」の本を一緒に選ぶのだ。

そして、この**2冊を並行して読み進める**のである。入門書で1章の基礎を固めたらすぐに中・上級者向けの該当部分を読んでみる。もしわからない箇所があったらまたすぐに入門書に立ち返って確認する。このような併読が、効率的に知識を獲得するコツなのである。

「入門書」は「中・上級書」の参考書

よくわかる
環境問題
いろは
入門書
環境ビジネス
展望と課題
中・上級書

入門書で用語の意味や問題の背景などを確認しながら読めば、中・上級書も理解できる

視野を広げたいときに読むべき作家とは?

小説や趣味、教養のための実用書、さらに仕事に必要な専門書など、世の中にはあらゆるジャンルの本があるが、知らず知らずのうちに同じような内容の本ばかりを選んで読んではいないだろうか。

本を読むということは、自分では直接経験できないことを、著者の筆を通して知るということだ。言い換えれば、〝著者の目〟を借りて自分では体験できない世界まで視野を広げるという、**一種の「仮想体験」**なのである。つまり、同じような書物ばかり読んでいたのでは、知識は広がらないままに終わってしまう。

たとえば、「格差社会」がテーマの本を選ぶとしよう。自分は「格差を生み出したのは国の政策に問題がある」と考えている場合、同じ考えの著者の本であれば、「まさしくその通り」と、賛同する部分が多いだろう。読んでいて気持ちがいいものだ。

その一方で、「競争社会に適応できない国民の側にも原因がある」というような内容の本

視野を広げたいときに選ぶのはどっち？

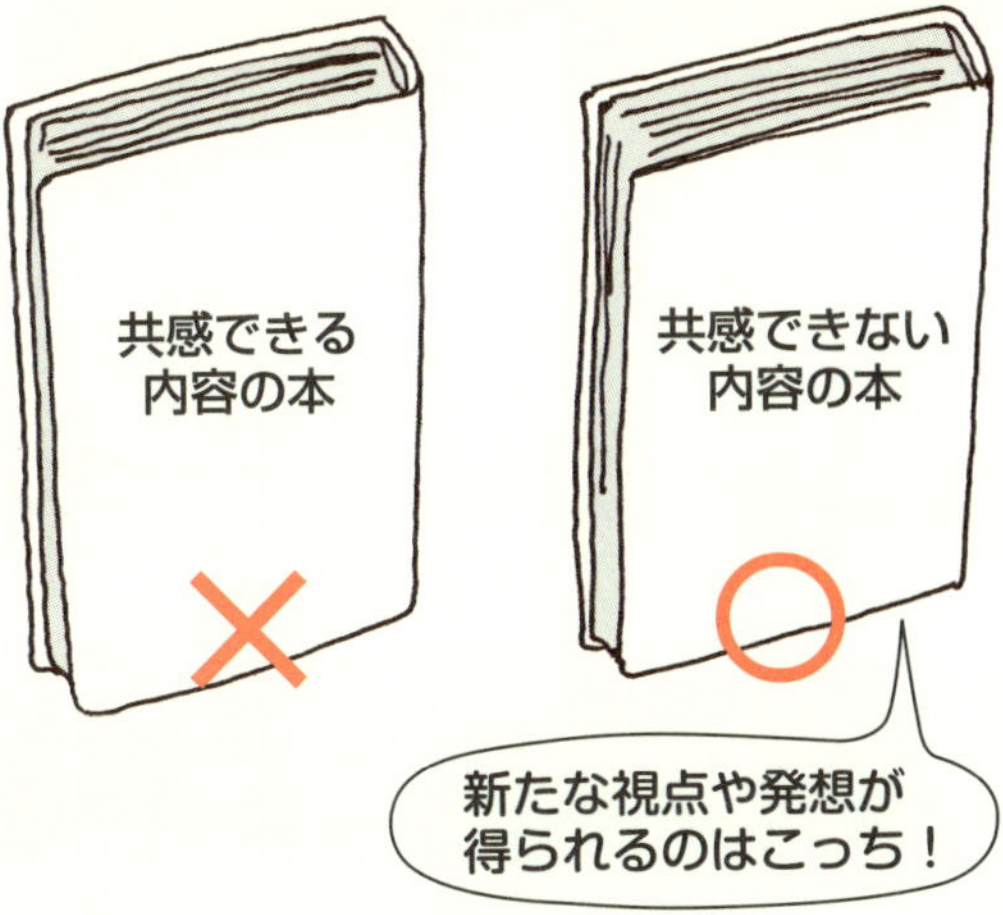
共感できる
内容の本
×
共感できない
内容の本
○
新たな視点や発想が
得られるのはこっち！

があるかもしれない。自分の考えとは相容れない内容であるから、ふつうなら読む気がしないものだ。

　しかし、ひと味違った本の読み方を目指しているなら、ちょっと立ち止まってその本に手を伸ばしてみてほしい。**新たな視点や今まで考えもしなかったような発想に触れることで、自分が今までひとつの側面からしか物事を見ていなかったことに気づく**はずだ。

「井の中の蛙」から脱却するには、物事をあらゆる角度から見る必要がある。さまざまな立場の本を読むことで、自分の経験だけでは思い至らないことも知識として蓄えられるのだ。

何を読めばいいか迷ったら まずは「伝記」を選べ

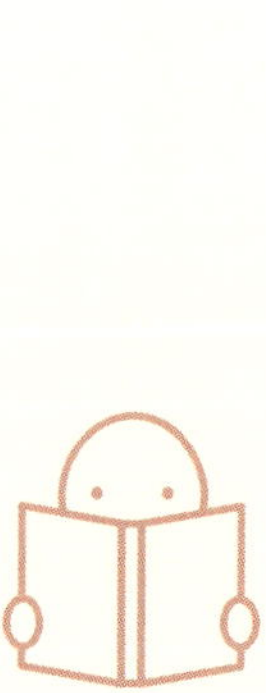

子供のころ、エジソンやニュートン、野口英世などの伝記を読んだ記憶があるだろう。生い立ちから偉大な発明にいたるまでのプロセスにワクワクした覚えがあるかもしれない。伝記には、ノンフィクションならではの魅力がある。

企業家の自伝も同様に、実体験から生まれた生のメッセージがぎっしり詰まっている。たとえば「経営の神様」と呼ばれる松下幸之助の『松下幸之助 夢を育てる』（日本経済新聞社）は、著者が小学校を４年で中退して丁稚となり、一代で松下グループを築いた話だ。

貧しかった幼少期から、松下電器を創業し、不況に見舞われた時期や、外資系企業など他社との提携、人の育て方などが本人の語り口で綴られており、小説と同じくらいドラマチックだ。違うのは、小説はあくまでフィクションであり、作者の創造や発想で書かれているのに対し、自伝は事実であるという点だ。

自伝には、偉大な企業家が実際に経験してきたことを追体験できるというメリットがあ

自伝や伝記がよく読まれているおもな経営者

松下幸之助［松下電器（現パナソニック）創業者］
本田宗一郎［ホンダ創業者］
稲盛和夫［京セラ創業者］
井深大［ソニー創業者］
スティーブ・ジョブズ［アップルCEO］
ビル・ゲイツ［マイクロソフト創業者・会長］
ピーター・ドラッカー［経営学者］
カルロス・ゴーン［日産自動車CEO］

敬称略

る。さらに具体的なエピソードがふんだんに盛り込まれているため、経営のノウハウや困難に立ち向かうヒントもたくさんちりばめられている。小説以上のハラハラ・ドキドキ感も楽しめたりするのだ。

あまたの書物のなかで何を選べばいいのか迷ったら、**まずは著名な企業家の自伝を読んでみるといい**。マイクロソフトのビル・ゲイツ氏やアップルのスティーブ・ジョブス氏など、海外のカリスマ経営者の多くも自伝を出版しているので、読み比べてみるのも面白いだろう。

自伝は、物語として楽しめるだけでなく、自己啓発にもなるのである。

情報収集力ドリル

質問①

書店でどの本を買うか迷ってしまった。しかし、その本の「ある部分」をチェックするだけで、書かれている内容を大まかにつかめることができるという。さて、その方法とは？

質問②

清涼飲料水を選ぶのにかかる時間は２秒といわれている。そこで、開発担当者が消費調査をするために新商品のサンプルを女性モニターに見せた。さて、彼女たちは下記の３つのうち、何にもっとも興味を示しただろうか？

A　ネーミング
B　価格とボリューム
C　色と形

質問①の答え…「あとがき」を読む
あとがきはその本の〝要約〟なので、わずかなページを読むだけで筆者の言いたいことや、誰に向けて書かれた本かなど、本の趣旨や基本的な情報が見えてくるのだ。

質問②の答え…C
新商品のモニター調査はどこの企業でもやっていることだが、飲料水関係の場合は、消費者が商品を選択するのにたったの２秒しかかからない。人は普通、モノを見るとまず色と形でそれを識別しようとするが、特に色に反応する。担当者は数種類の色と形のボトルを用意して、それを見た瞬間の彼女たちの表情から「この色と形でいこう」と判断する。

STEP 5

「情報整理力」

頭の中をスッキリ整理するコツ

読むときに身近な文房具を使ったり、ちょっとした工夫をするだけで、内容が2倍にも3倍にもなって頭に入ってくる。そんな、すぐに活用できる情報整理術を紹介しよう。

本を「仕事の虎の巻」に変える書き込み読書術

本を読んでいて、仕事に役立ちそうな情報に出会ったとしよう。「この方法を取り入れれば、きっと売上げが上がるぞ」などと、考えながら読み進めていくうちに、また別の面白い情報に出会い……。結局、あれこれ考えているうちに最初に考えていたアイディアをすっかり忘れてしまった、という経験はないだろうか。

そんな〝もったいない〟をなくすために利用したいのが、本の空きスペースや白紙のページだ。なかでも**目次の空きスペースは利用価値が高い**。というのも、目次はいわば本文の内容を箇条書にして要約したもので、本文とは違って、たいていページの上下に空きスペースがある。その部分を利用して、ポイントや自分のひらめきなどをメモしておくのだ。

たとえば「上手な手帳の使い方」という本のなかに、「仕事の段取りのために大きさにこだわる」という章の目次があったとしよう。その空きスペースに「A5版がベストサイズ」「資料を縮小コピーして貼っておくのにちょうどいい」といった内容を書き添えておけば、ポイ

本の余白はメモスペース

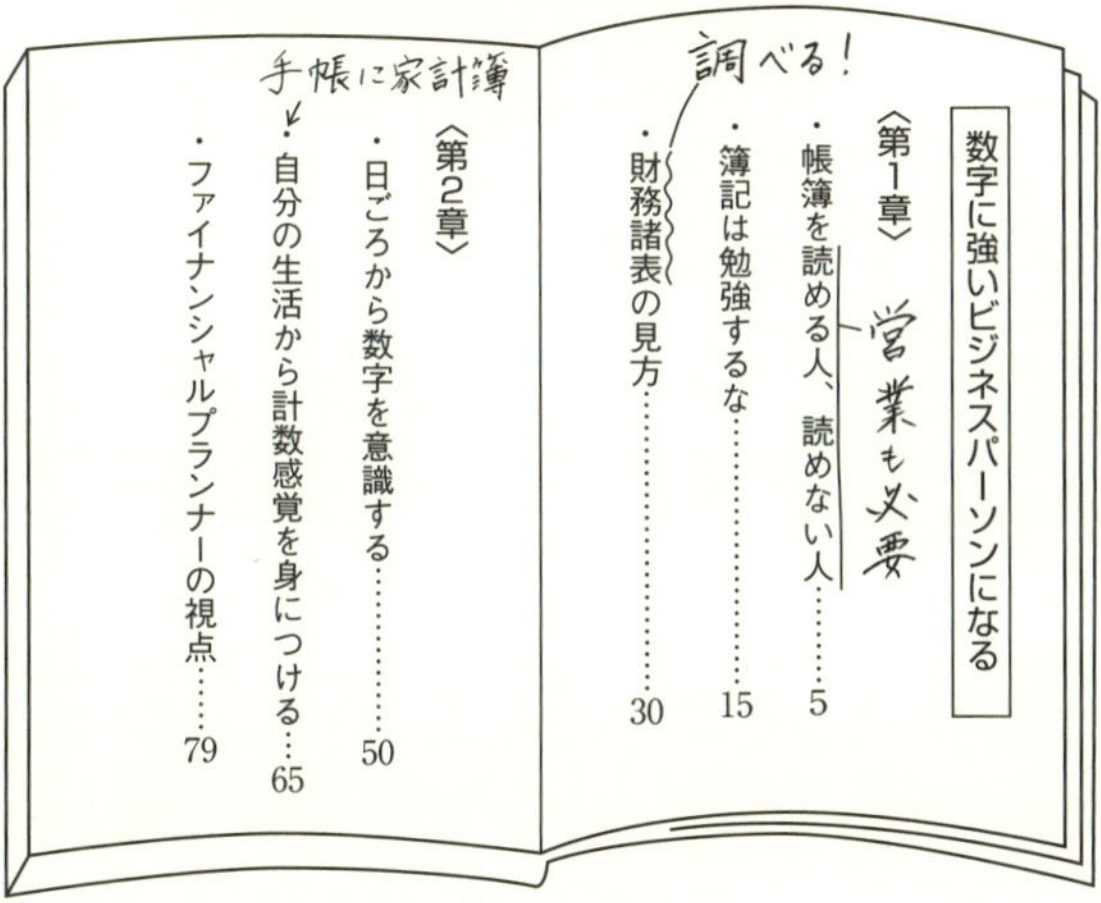
数字に強いビジネスパーソンになる
〈第1章〉
・帳簿を読める人、読めない人……5
・簿記は勉強するな……15
・財務諸表の見方……30
営業も必要
調べる！
〈第2章〉
・日ごろから数字を意識する……50
・自分の生活から計数感覚を身につける……65
・ファイナンシャルプランナーの視点……79
手帳に家計簿

ントがわかりやすい。

同様に、**各章の扉の前にある白紙ページや巻末に空きスペースがあれば、その章のまとめや最重要ポイントを書き込む**のに使ってみる。

また、読書の最中に考えついたことや思いついたことを、読んでいるページの余白に書き込んでいくのもいい。読書中に思いついたことには、意外なひらめきがあるものだ。そのまま読み進めていくうちに忘れてしまうのでは、もったいない。本を「仕事の虎の巻」に変えるのだ。

疑問点や「後で調べる」といったメモでも構わない。何でも思いついたことを気軽に余白に書き込もう。

ただ挟むだけではもったいない「しおり」の意外な使い方

本のしおりというと、書籍に綴じ込まれているひも状のものから、ステンレスなどでできたデザイン性の高いもの、書店のレジでもらえる広告が印刷されたものなどいろいろある。しおりは読み終わったページにはさみ、次に読むときの「目印」として使うものである。

ここでは、そんなしおりにある機能をプラスして読書の質を上げる方法を紹介しよう。

用意するのは、3、4センチ幅に細長く切った無地の厚手の紙を数枚。これを本にはさんでしおり代わりにして、**読書中にメモ用紙として使う**のだ。

本を読みながら、そのページの要点をまとめてメモしたり、浮かんだアイディアなどをどんどんしおりに書き込んでいく。そうすれば1冊の本を読み終えるころには、たくさんの書き込みがされたしおりが何枚も溜まることになるのだ。

このしおりは、再度読み返すときの参考にもなるので、読み終わっても本に挟んだままにしておこう。

白紙のしおりにメモを取りながら本を読む

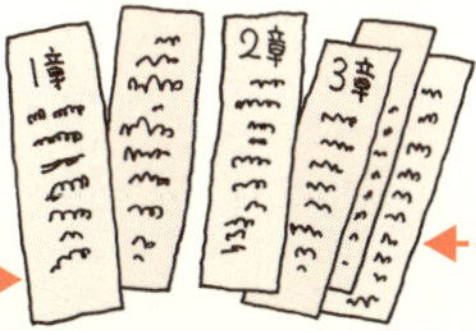

役立ちポイントは手帳などに書き出しておく

しおりのメモに基づいて疑問点を調べる

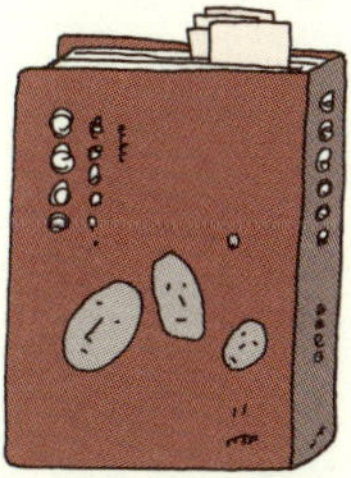

しおりはすべて本に挟んで保管する

「どの本に書かれていたっけ？」を解決する「1分間記録法」

実用書にはテーマやタイトルが似ている本が多いために、つい同じ本を何度も読んでしまい、読んでいる途中で「これは前にも読んだことがある」と気づくことがある。

こうした重複を避けるには、読書の記録を残すのが一番だ。記録を残しておくのはノートでもパソコンでもいいが、**書籍名だけでなく、その本の「目次」まで写しておく**のがポイントだ。目次の量が多すぎるものは、自分が気になった見出しだけでもいい。これなら1分ほどで書き写すことができるだろう。

目次とは、その本のエッセンスであり、いわば道案内である。目次を見れば本の内容がだいたい把握できるようにつくられているのだ。

そこで目次を写しておけば、かなり時間が経ってからでも「確かあの本に書かれていたような気がする」という漠然とした記憶から、いま欲しい情報を探すことができる。本の細かい内容は覚えていなくても、ストックしておいた目次を見ればおおまかな内容が思い出さ

目次ストックがあれば本を丸ごと整理できる

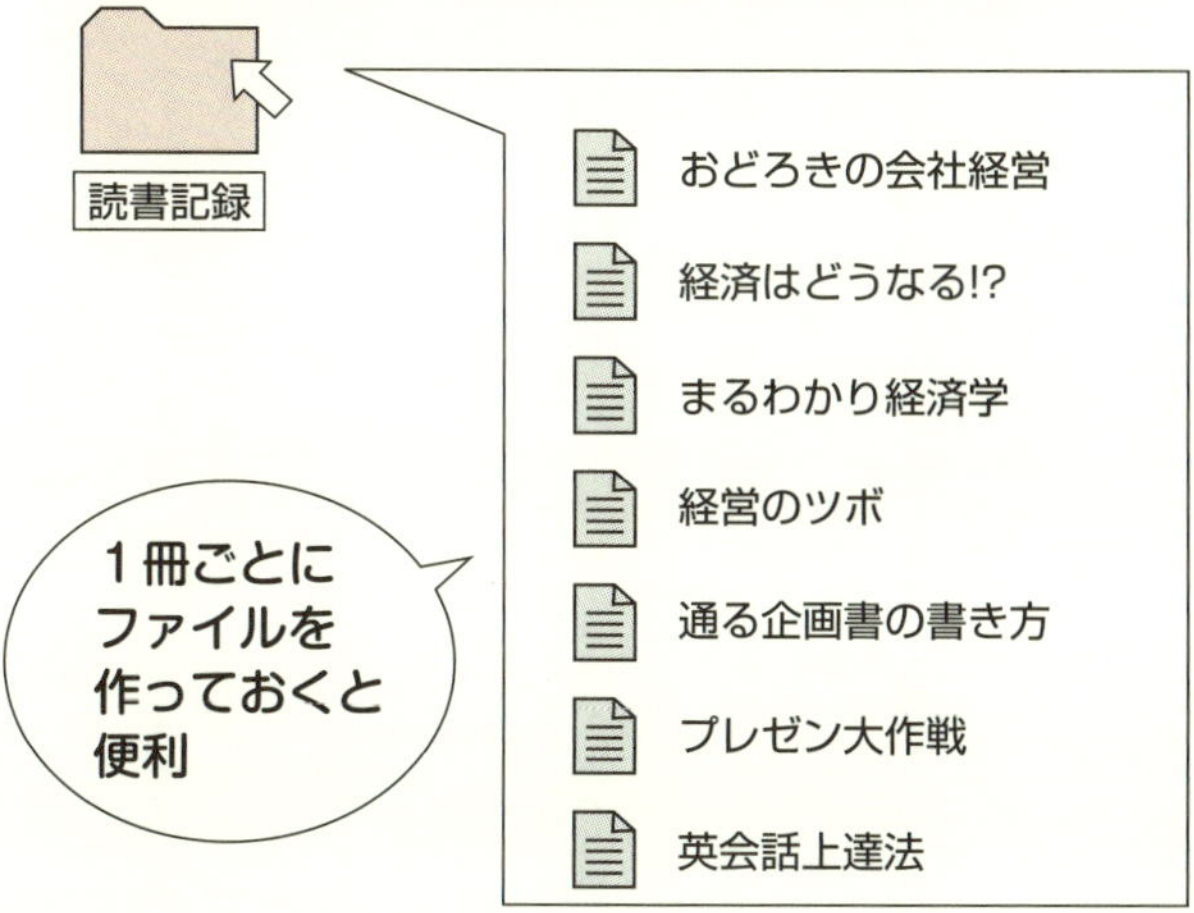
読書記録
おどろきの会社経営
経済はどうなる!?
まるわかり経済学
経営のツボ
通る企画書の書き方
プレゼン大作戦
英会話上達法
１冊ごとにファイルを作っておくと便利

れ、どこにどんなことが書かれていたかがわかるからだ。

この方法は書籍だけでなく、雑誌でも使える。

雑誌は意外と場所をとるうえに、新刊が出てストックは増えていく。

しかも、一度ダンボール箱などに入れてしまうと、また取り出すことはなかなかない。

そこで、目次だけを記録するか、あるいはもっと手っとり早く目次の部分だけを切り抜いてストックしておけばいい。

いちいち雑誌を開かなくても何月号にどんな情報が載っているのかがひと目でわかるようになるのだ。

未来の財産になる「1行読書日記」のつけ方

学生時代のアルバムを見ると、若かりしころの自分やクラスメイトの顔ぶれに思わず懐かしい気持ちになる。「あのころの自分は何を考え、何に悩み、何を目標にしていたのか」といった、今ではすっかり忘れていた当時の自分の内面を思い出すことができる。

日々の出来事を文章にして書きとめる日記にもやはり同じ効果がある。この手のものはいわば自分史なので、自分自身の行動を省みたり、今後の人生の指針にしたりと、思いのほか役に立つものだ。

そこで提案したいのが、これらに「読書日記」を加えることだ。いちばんいいのは、**読んだ本の内容や感想を日記のように書く**ことだが、それが難しければ読んだ本のタイトルだけを羅列しておくだけでもいい。

こうしておけば、過去の自分が何に興味を持っていたのかが一目瞭然だし、自分の思考の変化や偏りなどにも気づきやすい。自己啓発という意味でもこれほどわかりやすいものは

ないのである。

また、ノートではなくスケジュール帳に記録するという手もある。これから読みたい本や気になった本のリストもあわせて作っておけば、読書プランも立てやすい。

スペースに余裕があるなら、日々の予定と一緒にビジネス手帳に読書日記を書き込んでおくと、これまで何を考え、どんな仕事をしていたのかが一緒に記録できる。

既読の本のタイトルもずらりと並べば立派な〝自分史〟になる。年度初めなど、目標を立てるときに改めてチェックしてみるといいのではないだろうか。

ジャンルやサイズより「見る頻度で並べる」のが本棚の鉄則

意外とその人のこだわりが出やすいのが、本棚に本を並べるときだ。

たとえば、小説は小説の棚に、専門書の類は専門書の棚にというふうにジャンルごとにまとめる人も多いだろう。確かにこうしておけば目当ての本を探すのには便利だ。

また、見た目を優先させて、本の高さを揃える人もいるだろう。文庫本は文庫どうしで並べたほうがスッキリ見えるし、たくさん入る。

しかし、本棚をただの収納棚とするのならそれでもいいが、使いやすさを考えると少しルールを変えたほうがいいかもしれない。

そこで、**ジャンルや本の大きさを問わず、「見る頻度が高い本」を最も手に取りやすい場所に並べる**のだ。

たとえば、専門書や小説、あるいはガイドブックやマニュアル本などが隣り合わせに並んでいてもいい。大きさも考えずに大判の本や文庫本、写真集、仕事関係の本でも趣味の本

でもいいから、頻繁に引っ張り出して読む本をまとめておくのだ。

置く場所は、本棚のちょうど目の高さの位置がいいだろう。いちばん手を伸ばしやすい場所だからだ。見る頻度が高いということは、それだけ必要性や重要度が高いということである。そんな本こそ、すぐに取り出せる場所にまとめておくと、機能的な〝使える〟本棚になるのである。

もちろん、ひとつの仕事が終わって「頻繁に取り出す本」が変われば、それらの本と入れ替える。そうすれば、常にその棚は、そのときの自分にとって最も活用度の高い場所になるのだ。

情報整理力ドリル

質問

母親の還暦のお祝いで里帰りした娘に、母親はこんな話をした。「私が今のあなたの年齢だったときのあなたの年齢の３倍が、ちょうど今の私の年齢になるのね」。さて、この娘の今の年齢は？

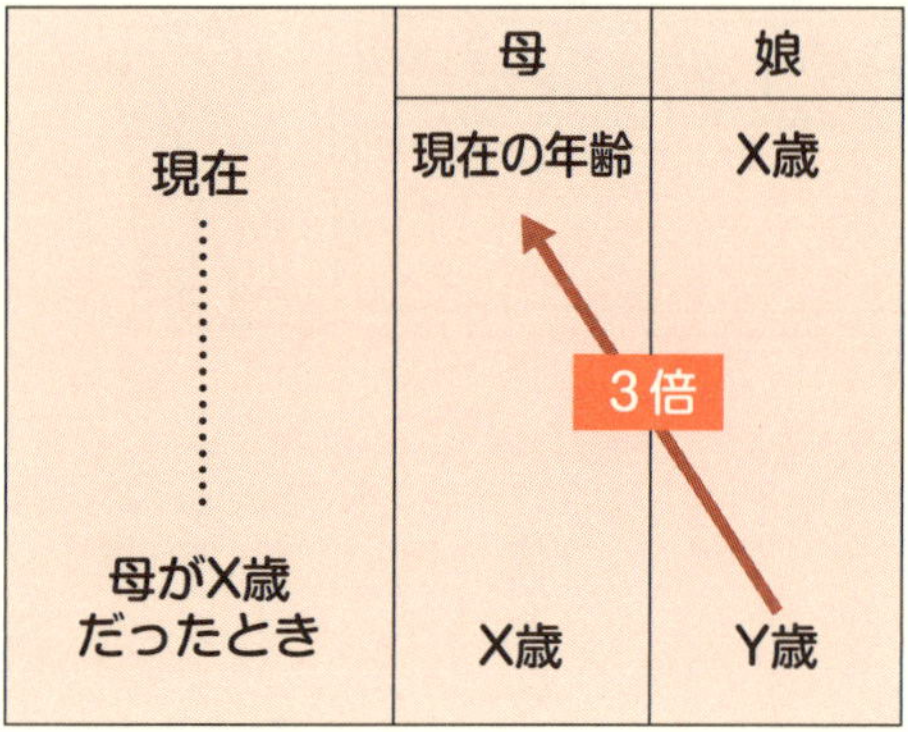

母
娘
現在
現在の年齢
X歳
3倍
母がX歳だったとき
X歳
Y歳

質問の答え…40歳
母親は還暦なので現在60歳。仮に現在の娘の年齢をX歳とする。母親がX歳のときの娘の年齢は、母親の現在の年齢の３分の１だから、20歳。２人の年齢差は現在も昔も変わらないのだから、60－X＝X－20という式が成り立ち、これを満たすのは40しかない。

STEP 6

「裏読み力」

新聞、広告、メール…書き手の心理の読み方

手紙やメールで大切なのは、そこに書かれた文字だけではない。その裏にある情報を読みとることができれば、より円滑なコミュニケーションが図れるようになるはずだ。

新聞やネットの記事は2つの部分を読むだけでいい

最近では、ニュースはインターネットで見ることができるから新聞をとらないという人が増えている。しかし、ビジネスパーソンにとって新聞はやはり欠かせぬ情報源であるといえるだろう。

しかし、新聞を隅から隅まできちんと読もうとすれば、少なくとも1時間はかかってしまう。ましてや、忙しい朝の時間に読みきることは不可能だ。

そこで、新聞を速く読むために、記事構成のパターンを知っておこう。

物語や随筆、コラムなどは、最後まで読まないと結論が見えてこないが、その点、**新聞記事は大見出しと小見出しに結論が書かれている。**そして、その隣に要旨を説明するリード、詳細を記した本文と、この3つで構成されている。

つまり、見出しとリードの部分を読むだけで、そこに書かれている内容はおおむね理解できるのだ。そのうえで興味のある記事だけ本文を読んでいけば、それほど時間をかけずに

新聞全体に目を通すことができるというわけだ。

なかには英字新聞を読んでいる人もいるだろうが、特に英字新聞は見出しを一発で理解できれば記事の内容はすぐにピンとくる。なぜなら、日本の新聞以上に見出しが簡潔に書かれているからだ。

ついでに、目を通す紙面の順番も決めておくといい。1面から順にめくっていってもいいし、自分にとって優先順位の高い面から読んでいくのも手だ。

「新聞は取らずにニュースはあくまでもパソコンの画面で読む」という人にも、このやり方は当てはまる。各ポータルサイトのニュース欄を見てもわかるように、こちらも結論はすべて見出しに書かれているからだ。

新聞と違って文字の大きさや形は統一されているし、スペースの大小にもほとんど差がないので、いくつかのニュース欄の見出しだけを拾い読みすれば、取り上げられている頻度で重要度も理解できる。また、ある程度なら過去の記事も閲覧できるので便利だ。

さらに気になる見出しを見つけたら、キーワードだけを拾って検索にかければ関連した項目が次々とヒットする。もしインターネットでニュースを読むなら、新聞にはないこうした検索機能を存分に利用してみてはいかがだろうか。

企業もほしがる情報が「読者投稿ページ」に潜んでいる

新聞につきものなのが**「読者の投稿欄」**だ。この欄はいつも読まずに先に進むという人も多いのだが、じつは、ここには貴重な情報がいっぱい眠っている。

この欄に掲載されているのは、一般読者のナマの声だ。言い換えれば、どんな専門家の意見や企業のリサーチよりも生々しく、リアルで率直な意見や感想が溢れているというわけだ。実生活に即した、**ふつうの人々の目線で書かれた投稿には大きな価値がある**といっていいだろう。

たとえば、「こんなものがあったら便利だ」という素朴な意見は、新しい商品開発のアイディアのもとになるかもしれない。

「現在こういうものが流行しているが、子供にはあまり好ましくないのではないか」といった意見は、子供を守るための新しい技術開発につながるかもしれないし、「こういう新しい法律が施行されたが、高齢者には不便だ」といった感想があれば、それに対応する新しいサ

一般消費者の"感情"が見える投稿ページ

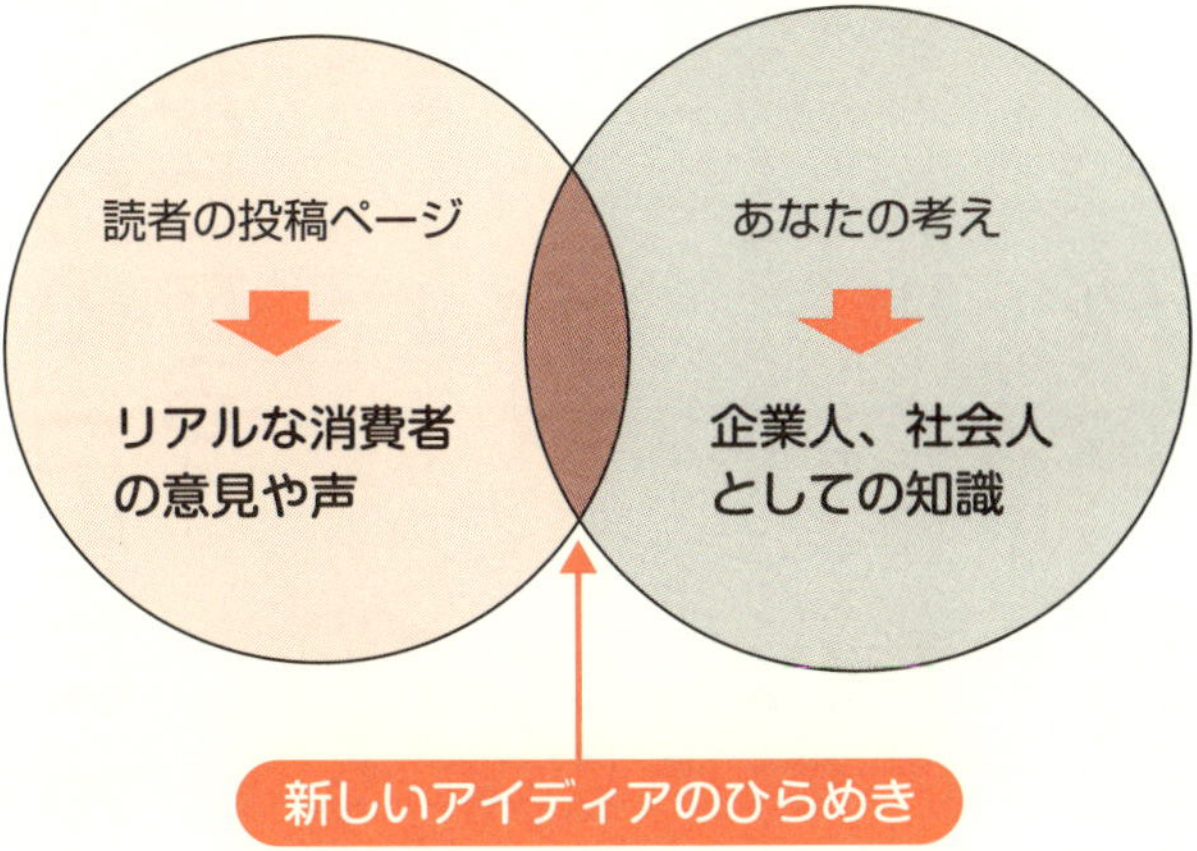
読者の投稿ページ
リアルな消費者の意見や声
あなたの考え
企業人、社会人としての知識
新しいアイディアのひらめき

ービスが生まれるきっかけになるかもしれない。

実際に体験したり使ったりした人でなければ書けない感想や意見は、大手企業などにとってもぜひとも手に入れたい貴重な情報といえる。近年はブログがますます注目されるようになっているが、ブログもやはり一般の生活者の目線で書かれている点に価値がある。

新聞や雑誌の読者投稿もこのブログと同じだといっていいだろう。とくに新聞の場合は、インターネットに比べて高齢者の投稿も多い。高齢化社会を迎えた日本では、ますます重要度が高くなるのは間違いない。

本や雑誌の「広告」を読むだけで世情がわかる

どんな商品を選ぶにしても広告は大きな判断基準になるものだが、なかでも出版社が出す**書籍や雑誌の広告は見逃すことのできない情報の宝庫**だ。

書籍の広告には、タイトルや著者名のほか、その本の〝ウリ〟が書かれている。

たとえば「その本だけに書かれている内容」や「新しい切り口」「斬新な視点」など、その本に関する手がかりの情報が満載である。さらにどんな人物が書いたのか、どんな経験のある著者なのかも書かれていることがあり、その本の中味を判断する材料となる。

このような広告は、もちろん本や雑誌を買うための参考にもなるが、**広告そのものをひとつの情報として利用する**のもおすすめだ。

週刊誌の広告からはいま流行しているものは何か、世間が何に注目しているかといった最新の情報を読み取ることもできる。また、「○○な人に大好評」「○○が認めた内容」といったキャッチは新しいアイディアを生み出す大きなヒントになるだろう。

全体的に経済やお金の関連本が人気

5月の新刊

ついに30万部突破!!
平成の新常識
お金編

経済コメンテーター○○○氏も絶賛!!
おもしろいほどよくわかる
経済の本

いままでの家計簿は捨てなさい！
新家計簿術

○○○が見た
世界経済の復活

あなたはまだ知らない
暮らしの知恵と お金の知恵

コメンテーターの人物評から本の質が見極められる

新常識がキーワード

発想のヒントになる「図版データベース」の作り方

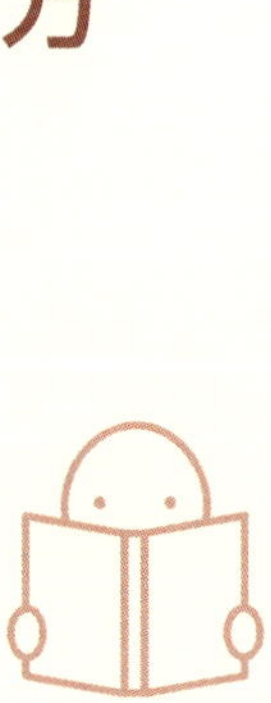

何かを企画したり分析したりする場合、情報収集が大事なことはいうまでもない。

しかし、インターネットや新聞、雑誌など大量の情報に一からあたっていたのでは効率的ではない。いざというときに慌てないために、ふだんから仕事に関連する業界の基礎知識くらいは持っておきたいものだ。

そこでおすすめしたいのが、業界紙や専門誌を定期購読すること。このような新聞や雑誌に掲載されている記事はその業界に精通している人によって編集されており、最新の動向もわかりやすく書かれている。全国紙よりもピンポイントに掘り下げられているので、詳細なデータをつかむこともできるのだ。

もちろん、記事のなかには専門用語も多く、最初は理解に手間取るかもしれない。だが、インターネットなどで専門用語を確認しながら読んでいけば、大まかな流れが理解できるようになるだろう。

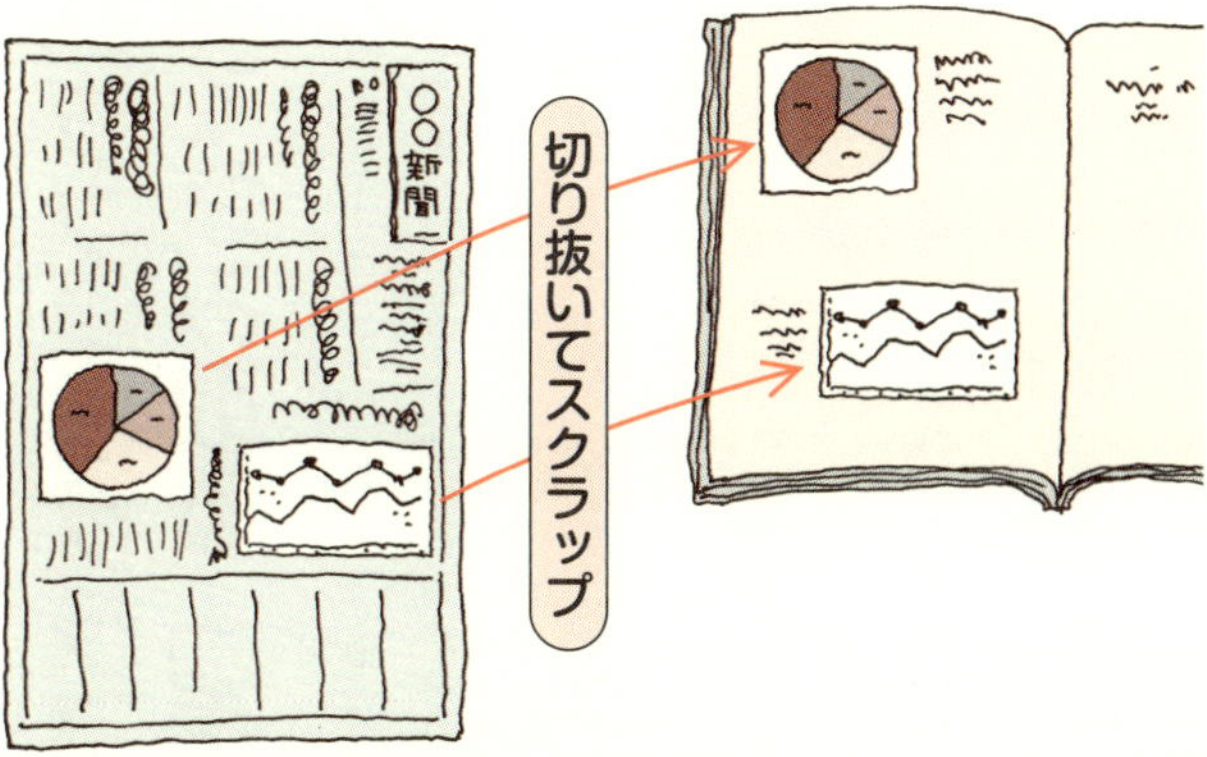

さらに、資料として使われている図表にも注目したい。

一読しただけではわからないような**専門性の高い内容ほど読者にわかりやすいように、図解やフローチャートでまとめてある**ものだ。

このような図版やグラフはただ見るだけではなく、切り取って集め、時系列でファイルに保存しておくといい。分野ごとに分類しておけば、オリジナルのデータベースになる。

このデータベースは自分だけの情報源となるので、仕事で参考にしたり引用したりすれば確かな「裏づけ」となるはずである。

円グラフ、棒グラフ…を一瞬で読み取る「視線の動かし方」

プレゼンテーションの資料や企画書の中によく使われるのが図表だ。たいていは本文中に〈表1を参照〉などの注意書きがあり、文章と照らし合わせて読めるように構成されている。

じつは、こうした図表の見方にもちょっとしたコツがあるのをご存じだろうか。

一例を挙げると、マーケットシェアやアンケートの集計結果などを表すのによく使われる円グラフ。これは中心点を基準にして時計回りに視線を動かしていくと読みやすい。意識することなく実践しているという人がほとんどかもしれないが、それでは、数値だけが何段かに分けて示された表組みのグラフはどうだろうか。

たとえば「都道府県別／〇〇の増加率」、「地域別／〇〇量」というようなタイトルがついた一覧表などで、表の左端に都道府県名や地域名、一番上の段に調査年度が並んでいるものなどである。

円グラフ、表を見るときの目線の動かし方

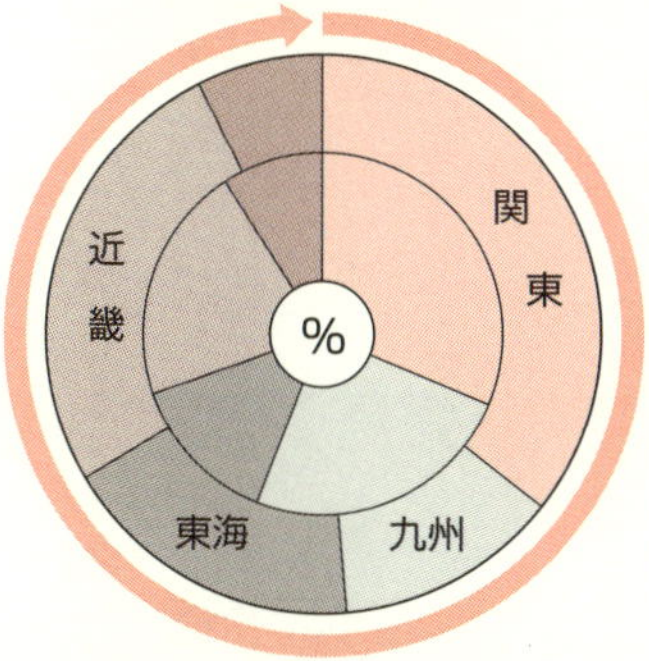
関東
九州
東海
近畿
%

円グラフは時計まわり

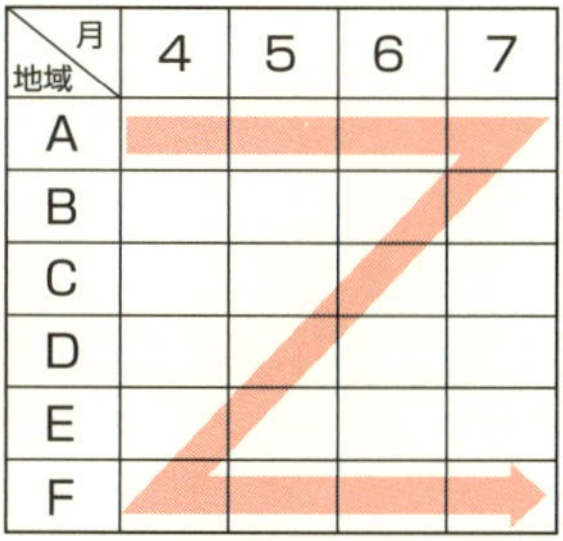
月
地域
4
5
6
7
A
B
C
D
E
F

表は「Z」の形

こういう表は、ただ全体を見渡して把握しようとするのではなく、**左上から視線をアルファベットの「Z」形に動かしていくといい。**それが最も自然な目の動きのため、数値の変化なども頭にすんなりと入ってきやすいのだ。

というのも、我々が日ごろから接している文章は横書きのほうが断然多い。パソコンで打ち込む文章も基本的には横書きだし、会社の資料も横書きが主流で、左から右に目線を移動する動きに慣れている。

また、**円グラフは時計回りが見やすい。**これが、人がいちばん自然にできて違和感のない目の動きなのだ。

もらったメールで重要なのは「いつ送信されたか」

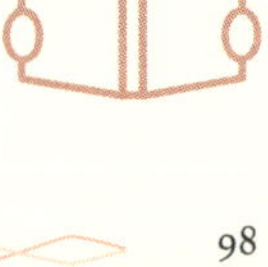

メールを受け取ったとき、その内容を見るのは当然のことだが、もうひとつチェックしたいのが**「送信日時」**である。

リアルタイムで受け取ったメールは別として、知らない間に届いていた場合には、**相手がいつ送信したのかを必ず見る習慣をつけておきたい**。そうすることで、たとえばかなり前に送られてきたメールなら、返信の際に「返事が遅くなって申し訳ありません」のひと言を付け加えたほうがいいことがわかる。

しかし、それだけではない。送信日時は、場合によってはいろいろな情報をもたらしてくれるのだ。たとえば何かの商談をしたあと、先方から「ＯＫ」のメールがきたとする。それが商談をしてからどれくらい時間がたって送信されたのかがわかれば、結論が出るまでにかかった時間を計算することができる。

すぐに送信されたのであれば大きな問題もなく結論が出たのだと推測できるが、逆に、

メールの受信時間は必ずチェックする

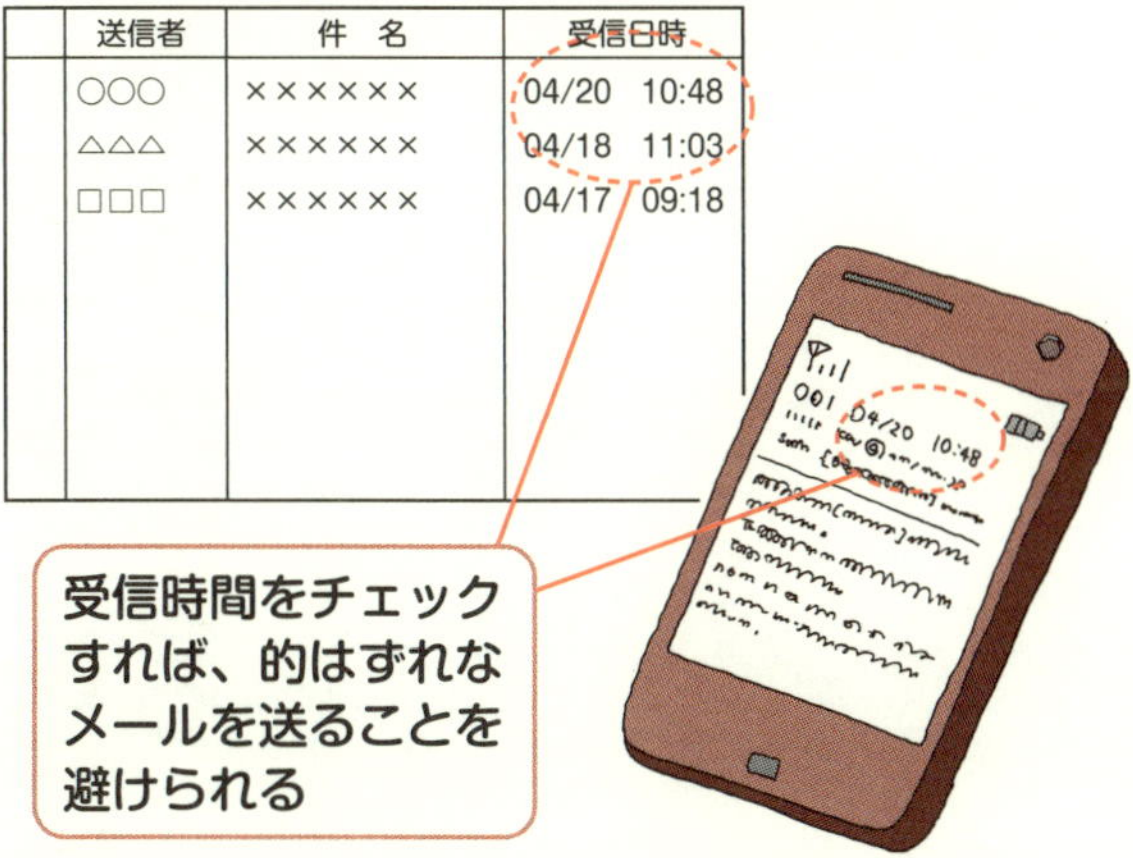
	送信者	件　名	受信日時
	○○○	××××××	04/20　10:48
	△△△	××××××	04/18　11:03
	□□□	××××××	04/17　09:18

04/20　10:48
受信時間をチェックすれば、的はずれなメールを送ることを避けられる

かなり時間がかかっていれば、もしかしたら先方で長時間の議論や話し合いがあった可能性もある。それを念頭においておけば次に担当者と会うときの対応に役立つだろう。

また、真夜中や早朝など、ふつうは常識的ではない時間帯によくメールがくるという場合などは、相手の生活のサイクルが予想できて、こちらから連絡をとる場合の参考にもなる。

送信時間を簡単にチェックできるというメールの特徴をうまく利用すれば、仕事を効率的に進められるのはもちろん、よりよい人間関係を築くのにも役立つだろう。

メールは「一文の長さ」から相手の心理が読める

メールには、送った人の心理が表れるものだ。

そんな他人の心理をちょっと知りたいと思うなら、まずは**相手のメールの言葉遣いに注目したい**。一般に、尊敬語や謙譲語を多用した丁寧な文面であれば、相手は自分のことを「格上」と見ているが、用件を端的に述べた文面の場合、「同格」と見られていることが考えられる。

たとえば、同年代で立場的にそれほど隔たりがあるわけでもないのに丁寧なメールを送ってくる人は、まだ腹を割って話せる関係ではないと距離を置いていることが推測できる。そんな相手とは、ときには一歩踏み込んだ付き合いも必要なのかもしれない。

さらに**文章の長さもチェックしたい**。**要件の前に前置きが長々と続いていれば、伝えにくい事柄であったり、あまりいい話ではないことが多い**。逆に、いい話でも悪い話でも、最初からいきなり要件から始まる簡潔なメールには、相手の自信と意志の強さを読み取ること

「いい知らせ」を感じさせるメールはどっち？

○○様 いつもお世話になっております。 先日は、寒い中弊社までわざわざご足労いただき、誠にありがとうございました。 ○○様よりご提案いただきました件ですが ……	○○様 先日は、ご足労いただき、ありがとうございました。 さっそくですが、例のプロジェクトの件、 ……
なかなか本題に切り出さないメールは「悪い知らせ」を感じさせる…	すぐに本題に入る簡潔なメールは「いい知らせ」を予感させる

ができる。

また、文面から、相手が返信を求めているかどうかも見極めたい。質問や問い合わせのメールの場合だけでなく、約束や会合の確認メールでも、相手は「了解しました」という返信を待っているはずだ。「○○の件、資料送付済みです」などの報告であれば、御礼のメールを返したほうがいい。

自分が送信者の場合、メールを受け取った相手がどのような対応をしてくれると安心するか——。メールを送るときには常にそのことを考えておくと、おのずとどんな返信メッセージが適切なのかがわかるようになるはずだ。

裏読み力ドリル

質問①

プロ野球の人気球団のチケットを求めて多くの人が並んでいる。ところが、200番目に並んだ人はチケットを購入できたのに、20番目に並んだ人は購入できなかったという。どうしてそんなことになったのだろうか。

質問②

広場をひと周りするコースで、うさぎ、かめ、人がかけっこの練習をしている。それぞれ3分間で走ることのできる距離は、人が広場を3周、うさぎが2周、かめが1周となっているそうだ。では、スタート地点から同時に走り出した2匹と1人が、スタート地点でもう一度顔をそろえるのは何分後？

質問①の答え
並んだ順に抽選が行われ、そこではじめてチケットを購入する順番が決まったため。

質問②の答え…3分後
走った距離はばらばらだが、3分後には全員がスタート地点に戻っている。最大公約数を求めた人は考えすぎだ。

第2部

「書く力」が面白いほど身につく！

なぜ「書く力」が必要なの？

情報を得ても頭の中でスッキリまとまらない——。たくさんの資料や本を読んで多くの情報を集めたとしても、それを自分のものとしてどううまく整理して使いこなすかが問題だ。しかも、それを相手に伝えられなければ意味がない。そんな悩みは「書く力」とそのセオリーを身につければすぐに解消するのだ。

書く力

①ノート力
②メモ力
③手帳力
④企画力
⑤文章力
⑥手紙・メール力

が身につくと

↓

人間関係がみるみる良くなる！

STEP 1

「ノート力」

思考力がグングン高まる書き方のツボ

ＴＰＯに応じた「ノート術」さえ知っていれば、書くことの楽しさは倍増する。ちょっとした書き方の工夫で脳は刺激され、思考力が驚くほどに高まるのだ。

「縦分割法」で普通のノートがオリジナルノートに変わる

「縦分割法」とよばれるノートの活用法がある。あらかじめノートの中央に縦半分に線を引いて左右を分割し、そこに講義の内容などを書いていく方法だ。

最近の学生たちにとっては定番のノート法だが、一般には意外と知られていない。この縦分割法のメリットは**縦線を引くことで1行の長さを半分にして、一度に目に入る文字量を増やせる**こと。また、**書くスピードが上がる**ことだ。

たとえば、縦線を引かないでノートをそのまま使ったとしよう。すると、ページの左端から右端まで、手を動かさなければならない。さらに、書いた文字がいっぱいに広がるため、これを読もうとすると視線も左右いっぱいに動かさなければならない。

ところが、縦に線を1本引くと、ページの真ん中で文章が下段に移動するので、手も視線をあまり移動させなくて済む。集中力も増して短時間で内容を理解できるようになる。

縦分割法のもうひとつの優れた点は、ノートを自分流にアレンジできることだ。つまり、

ノートを縦に2分割すると書きやすく、読みやすい

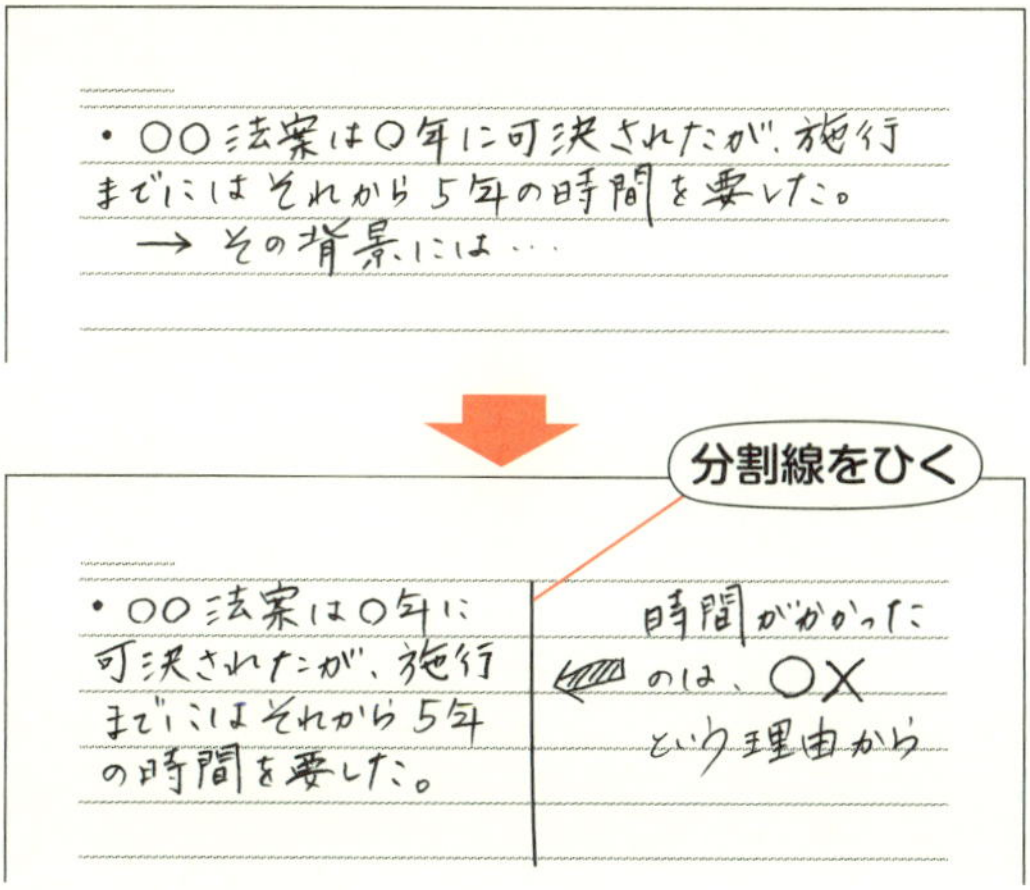
・○○法案は○年に可決されたが、施行までにはそれから5年の時間を要した。
→その背景には・・・
分割線をひく
・○○法案は○年に可決されたが、施行までにはそれから5年の時間を要した。
時間がかかったのは、○×という理由から

ページを半分に分割するので左右を別々の用途で使い分けられるのである。

たとえば、左半分に会議の内容を書き、右半分に疑問点や専門用語の解説をメモしておくこともできる。ビジネスパーソンなら、左半分を会議用のノートとして使い、右半分はアイディア帳にしておいてもいい。

多くの人はノートを左から右まで文章で埋め尽すものと思っているが、読みやすさと書きやすさを追求すると、1行あたりの長さは短いほうがいい。

ちなみに、東大生の中にはこの方法でノートを使っている学生が多いという。「さすが」である。

資料として使いやすいノートは「1枚目」が違う

真新しいノートを買ったとき、どのページから使い始めているだろうか。ノートをムダなく使うために、最初のページから書き始める人が大半かもしれない。

だが、とくに資料や情報をまとめて保存用にしたいノートの場合は、最初のページからいきなり書きはじめるのではなく、**最初の1、2ページは白紙で残しておきたい**。こうしておけばノートを使い終わったあと、ここに**〝目次〟**を作れるからだ。

目次とは本文中のタイトルを書き出したものだが、書籍でも雑誌でも必ずといっていいほど冒頭に目次が設けてあるので、読みたいページをすぐに探せる。

そこで、ノートにも目次をつけてこれと同じ効果を狙うのである。

ただし、目次といっても書籍のようにそれぞれのページにナンバーをふったりする必要はない。そんな手間をかけなくとも、自分がとったノートはある程度内容を覚えているはずだから、本文のタイトルを順番に書き出しておくだけで十分である。

資料として使うノートには、必ず目次ページを作る

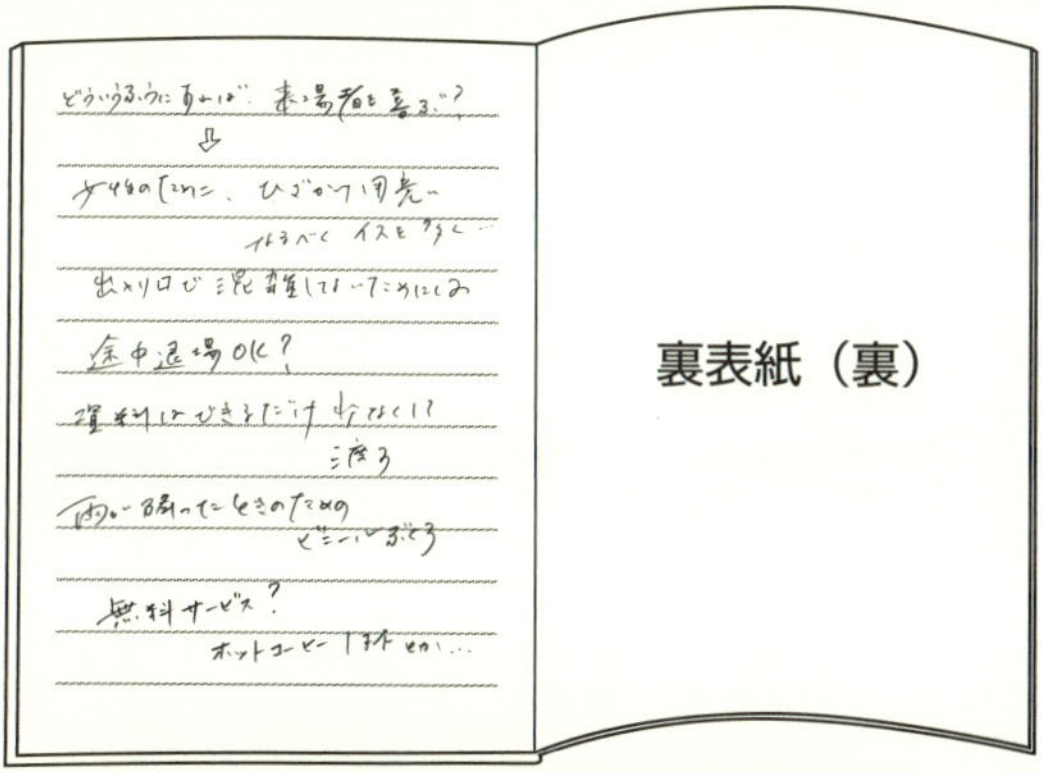

ノートを最後まで使い終わったら

↓

1ページ目に戻ってタイトルを順に書き出す

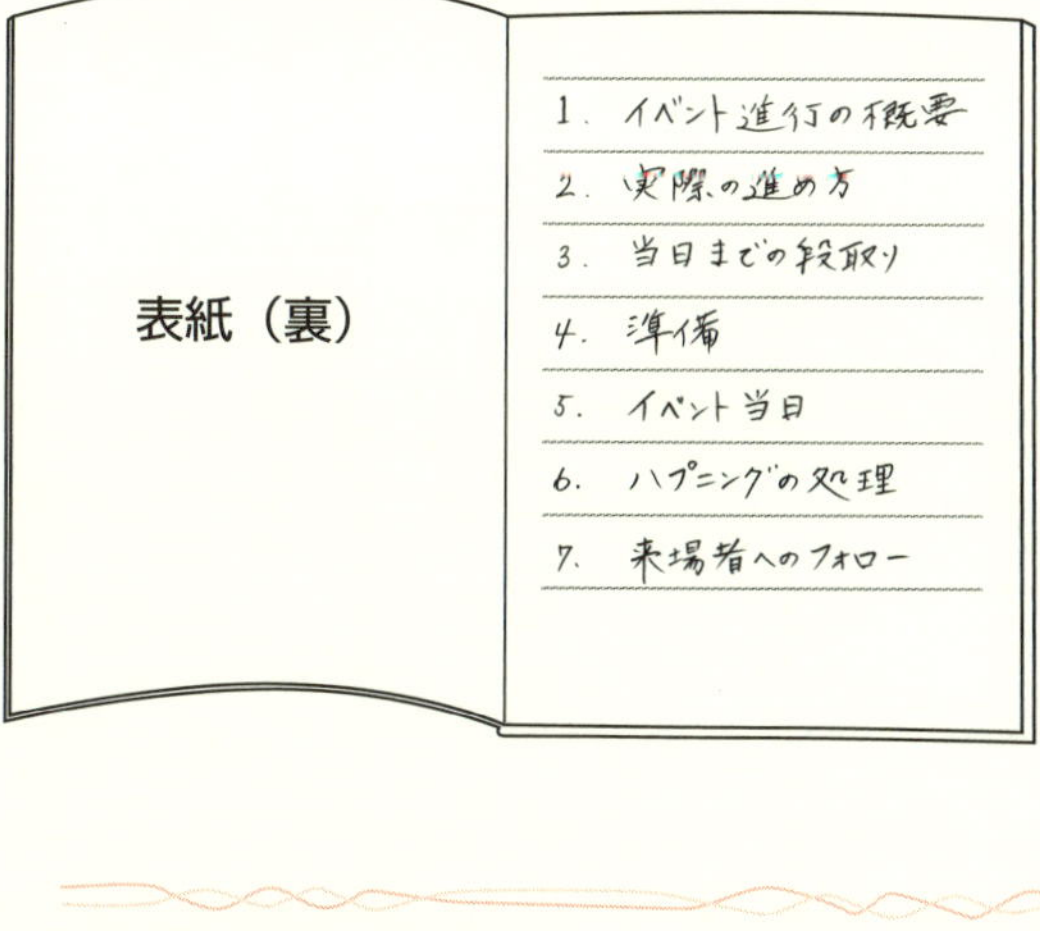

「コメント日記」で「考える力」がみるみる身につく

「考える力」を身につけようとするなら、毎日欠かさず日記を書くことをおすすめする。その日1日の出来事を振り返り、それを文章にまとめることで自然と頭の中がすっきりと整理されるからだ。

ただ、そうはいっても毎日日記をつけるのは相当意思が強くないと難しい。たいていの人は長続きせず、途中で日記をつけるのが面倒くさくなり「明日にしよう」と三日坊主になってしまう。

じつは、日記を途中で投げ出さずに続けるコツがある。それは、**日記を長い文章で書かずに、簡単なコメント風にしてみる**ことだ。

たとえば、その日の会議で企画中のプロジェクトを実行すべきかどうか話し合ったが、資料不足から議論が長引いてなかなか結論が出なかったとしよう。こんなときの日記には「会議長引く。資料不足が原因。必要なのは他社動向、業界平均値など補足資料」と短い文章で

5年日記
10年日記
2010〜2019
10年日記や5年日記は1日分のスペースが数行しかないので、コメント日記には意外と使いやすい

書くだけでいい。

いま人気のツイッター並みに短くつぶやく程度の日記で十分なのである。

読むのは自分自身なのだから内容はこれで理解できるし、それに文章を推敲《すいこう》することなくメモをとる気分で書くことができる。「よし、机に向かって日記をつけるぞ」などとあまり気負わなくてもすむわけだ。

たとえ長い文章でなくとも、今日1日何があったかを振り返り、そこから今後の教訓としたいことや記録として残したいことをコメント風に書くだけで、自然と頭の中をまとめる力も身についていくのである。

10年後にも使える「ワーク・ノート」とは何か

仕事の効率が何倍もアップする「ワーク・ノート」をご存じだろうか。

これは、いうなれば〝仕事の日記〟のようなもので、訪問先や打ち合わせで話し合った内容だけでなく、仕事の作業手順や先送りにした案件、また担当者の人物像や営業先の企業の雰囲気まで、**その日、仕事上で気がついたことを何でもこと細かにメモしていくという方法**である。

たとえば、仕事に関して疑問点や反省点があれば、それをどんどん書き込んでいく。文章はできるだけ簡潔に、箇条書を多用する。できるなら、その箇条書を項目ごとに分けて「打ち合わせ」「企画」「訪問先」などの見出しをつけておくといい。そうすれば、あとから読み返すときに便利である。

このようなワーク・ノートを毎日つけると、仕事全体を俯瞰できるようになるだけでなく、効率の悪い部分も判明して改善することができるうえ、同じような仕事を頼まれたときには、

業務内容、予定、覚え書き、感想…ワーク・ノートにはすべて書く

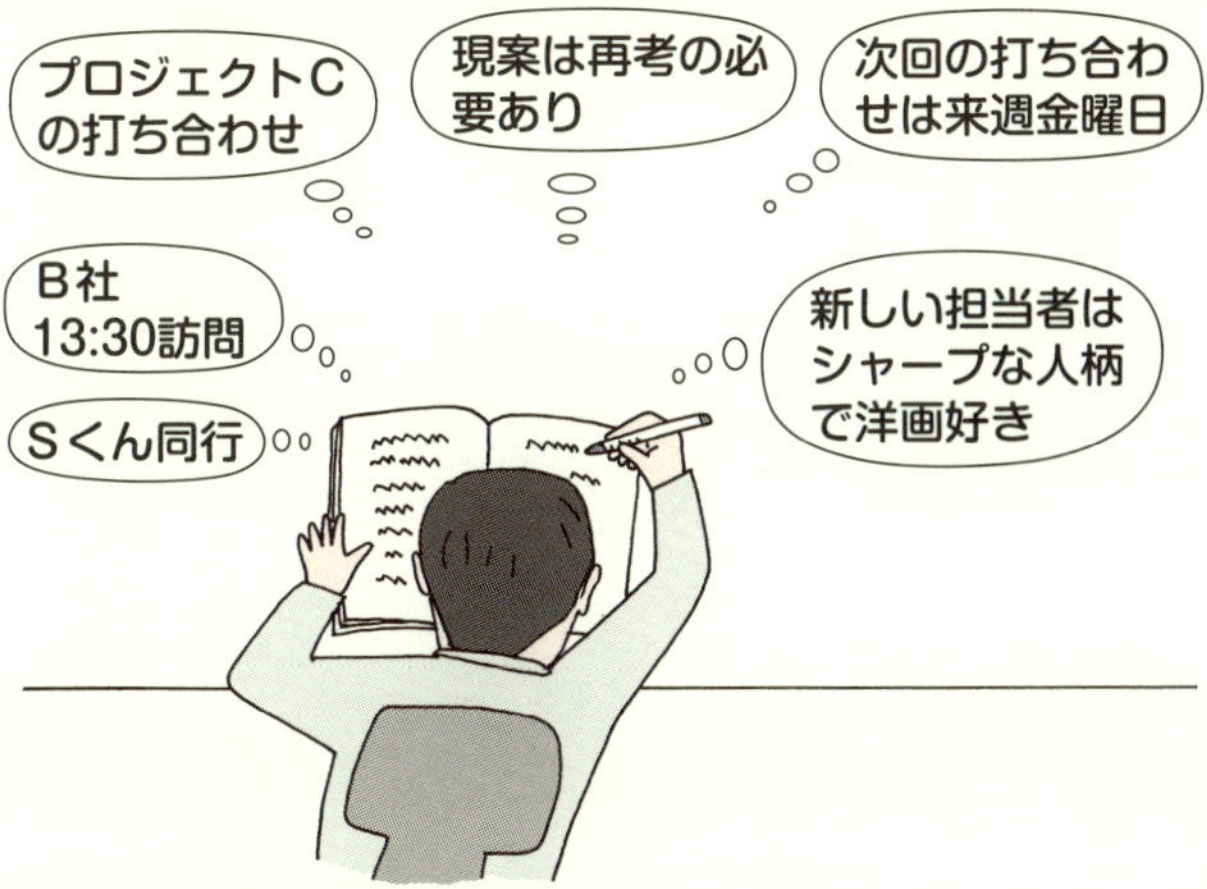
プロジェクトC
の打ち合わせ
現案は再考の必
要あり
次回の打ち合わ
せは来週金曜日
B社
13:30訪問
Sくん同行
新しい担当者は
シャープな人柄
で洋画好き

過去の事例を読み返して「いま、何をすべきか」をすぐに把握できる。

これと似たものに「業務日報」があるが、これは社員の誰もが記載しやすいように共通のフォーマットになっており、内容も会社が必要としていることしか書けない。

これに対して、ワーク・ノートは個人的な心情も書ける、もっと自由度が高いオリジナルの記録なのだ。

さらには、これまで仕事に関係した人や協力者の名前も残せるため、のちのちの人脈づくりにも大いに役立つ。ワーク・ノートはスキルアップにかなり効果のある記録方法なのだ。

トラブルを未然に防ぐ「問題解決ノート」の作り方

仕事上の失敗は誰にでもひとつやふたつはあるものだ。もちろん、失敗したからこそ大事なことが学べたということも少なくない。だが、同じ失敗を何度も繰り返すのはよくない。失敗は二度と繰り返さないことが成長につながるのである。

そこで、トラブルの再発を防止するために、日ごろから**「問題解決ノート」**をつけるようにしたい。自分が関わった仕事上のトラブルはもちろん、同僚や部下が起こしてしまった問題なども、その**原因と解決に至るまでの経緯を事細かにノートに記録しておく**のだ。

問題解決ノートには、まずトラブルの起きた日時とその内容を記入し、いつ、誰が、何を、どんなふうにしたらトラブルに発展したのか。また、原因は何だったのか、その事実関係をできるだけ正確に書く。

次にどのように問題に対処したのか、相手の反応はどうだったか、これも時間を追う形で書き残しておくのだ。

「問題解決ノート」があればトラブルが起きてもあわてない

ト、トラブルが起きました…！
ＯＫ！　過去の事例を参考に適切に対処するぞ！
＜解決ノート＞
○月○日
・トラブルの原因
・関係者
・対処法

　このような記録ノートを作っておくと過去に起きた失敗の原因が把握できるうえ、日ごろから何を心がけて仕事を進めていけばいいのかがわかるようになる。

　また、こうした情報を社内で共有することで意思の統一も図れるし、同様のトラブルが起きたときも過去の事例を参考にして速やかに対処できるようになる。

　ところで、この問題解決ノートは失敗した直後よりも、気持ちがある程度落ち着いて自分を客観的に見られるようになってからつけたほうがいい。冷静な気持ちでトラブルを振り返ってみると、今後とるべき行動がはっきりと見えてくるからだ。

会議のノートはすべて「1冊」に収めるべき理由

情報整理の上手な人は、その仕事ごとにファイルやノートを作って情報を管理している。たしかに〝整理〟するという意味ではとてもいい方法ではあるが、**会議用のノートだけは1冊にまとめて使いたい**。

すべての会議の内容を1冊にまとめてしまうと、内容がごちゃごちゃになって見にくくなってしまうように思うかもしれないが、意外とそうでもない。むしろ、このほうが仕事の効率を高めてくれるのだ。

たとえば、Aというプロジェクトの会議はスタートしたばかりなのでほぼ毎日打ち合わせがあるが、Bのプロジェクトについては半年後にスタートするため会議は週に1回、さらにプロジェクトCはまだ企画段階なので月1回しか開かれないとしよう。

このような会議でノートを別々に分けていると、1冊のノートを使いきるまでの時間に大きな差が出てくる。Aのプロジェクトのノートは毎日使うので20日もすれば終わってしまうが、Ｂのプロジェクトは週に一度なので同じノートを2カ月以上持ち歩くことになる、さらにＣのプロジェクトにいたっては月に1度使うだけなので、すべて書き終わるのに1年以上かかることになる。

すると、使用回数の少ないノートは見返す頻度が減るばかりでなく、書類の山の中に埋もれてしまい、うっかり紛失してしまう恐れさえ出てくる。たまにノートを開いたときも「これは何のメモだっけ?」と、ノートをとった理由さえも忘れてしまうこともある。

ところが、ノート1冊にまとめてしまえば、まだ**本格的にスタートしていない仕事でも、常に頭の片隅に置いておくことができる。**ふとしたことからアイディアが浮かぶこともあるし、考える時間が長ければ精度を高めることもできる。

また、パラパラとノートを見返すことで、**週1回の会議でも前回までの流れを覚えておくことができる**し、問題点や課題があれば時間があるときに考えをめぐらせることもできる。常にたくさんの仕事を抱えている忙しいビジネスパーソンこそ、会議のノートは1冊にまとめたほうがいいのだ。

ノートはただ記録を残すだけの道具としてだけではなく、常に最新の情報を引き出したり、書き込めるような状態にしておきたいものである。

読みやすいノートは「文字が少ない」

当たり前のことではあるが、ノートは詳細に書き込めば書き込むほど文字でびっしりと埋め尽くされてしまい、その結果、読みづらいノートになってしまう。自分で書いておきながら読み返すのがイヤになってしまっては、ノートをとった意味がない。

では、読みやすいノートを作るにはどうすればいいのだろうか。**文章をできるだけ図やイラストに置き換えてしまう**のもひとつの方法だ。

たとえば、太陽光発電についてノートに書き記したい場合、その仕組みを事細かに文字で説明するのではなく、その仕組みを図式化してしまうのだ。

発電パネルに太陽の光が当たって電気が発生している図を描いて、その横に仕組みの要点だけを箇条書にする。このほうが文字だけよりもよほどわかりやすい。

ただそうはいっても、イラストや図などがうまく描けないこともある。こんなときは、ページの端から端まで文字だけが並ばないように工夫してみるといい。

「絵」＋「コメント」でわかりやすいノート作りを！

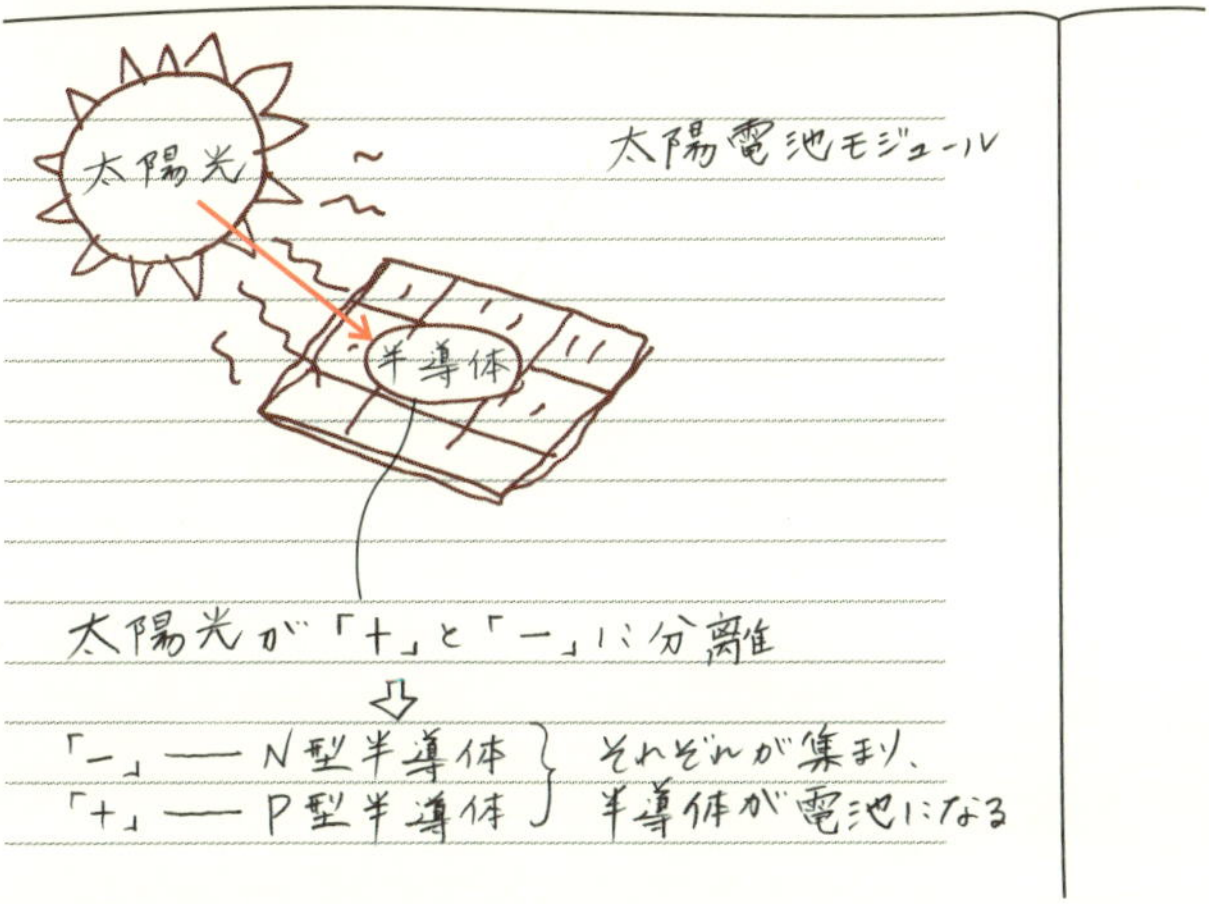
太陽光
太陽電池モジュール
半導体
太陽光が「＋」と「－」に分離
「－」――N型半導体
「＋」――P型半導体
それぞれが集まり、
半導体が電池になる

たとえば、文章をいくつかのブロックに分類し、間隔をあけて丸や四角の線で囲んでみる。囲み線も二重線や点線などを多用すれば、なお効果的だ。囲みを矢印などでつないでチャートにしてもわかりやすい。

さらに、読み返したときに目に止まりやすいように、線で囲んだ短い文字は何度かなぞって太い文字にしたり、マーカーをつかって工夫をしてみるのもいいだろう。

同じ文章だけのノートでも、このような〝引っかかり〟になるものを作っておけば、それだけで格段に見やすいノートに変身するのである。

ノートカドリル

質問

同時に3つのプロジェクトに参加することになった。それぞれの会議に参加しなくてはならないが、毎日、週1回、隔週と会議が開かれるタイミングが異なる。さて、そんな場合に会議の情報をメモするノート術として効率的なのは？

A タイミングが近い「毎日」と「週1」で1冊、「隔週」で1冊と2冊のノートにまとめる

毎日
週1

隔週

B 内容が異なるので別々のノートで管理する

毎日

週1

隔週

C すべて1冊のノートで管理する

毎日
週1
隔週

質問の答え…C
3つの仕事を一括で管理することで、常にどの仕事も頭の隅に入れておくことができる。それに1冊なのでノートの管理もラクだ。

STEP 2

「メモ力」

アイディアがどんどん閃くメモの取り方

尽きることのないアイディアは、まず「書く」ことで生まれる。アイディアの宝庫といわれる達人のメモ・テクニックを身につければ、自然とアイディアは湧いてくるはずだ。

いいアイディアがどんどん貯まる〝朝メモ〟の法則

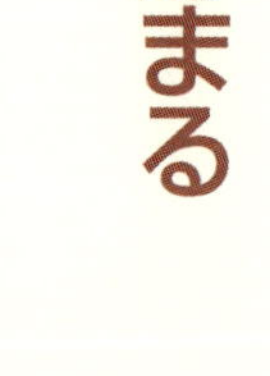

ここ何年か「○○力」ブームといってもいいくらい「力」の入った造語が増えているが、「アイディア力」も仕事に必要な〝力〟のひとつだ。アイディアを生み出す能力は、何も特別なものではない。基礎的なトレーニングを積めば、誰でもアイディアマンになれるのだ。

頭の中で、ひらめきや直感を司る部分は右脳である。だから右脳を鍛えればよいわけだが、その前に覚えておきたいのは、ひらめきが起きやすい状態はどんなときか、ということだ。じつは、**ひらめきは朝、しかも起床してすぐに訪れる**ことが多い。

とはいえ、何かがひらめいたとしても、それをそのまま完璧に記憶しておくことは難しい。大切なのは、**ひらめいたアイディアをすぐにその場で書き留める**ということだ。

人は書くことによってイメージを頭の中に定着させることができる。これを何度も繰り返し、積み重ねていくことによってますます右脳は活性化し、「アイディアの種」が蓄積されていくのである。

目が覚めてから起き上がるまでの間がひらめきタイム

今日の会議でもっと話し合うことはなかったか？
昨日、答えが出せなかった案件はどう処理すればいいのか？
新しい企画の切り口はどうするか…
ひらめいたことはその場でメモする

メモに時と場所を加えるだけで「アイディア連鎖」が起こる

アイディアを思いついてメモをとるときは、日時と場所も簡単に記録しておくといい。たとえば、通勤電車の中でひらめいたのなら、そのアイディアとともに「○月○日 8：10 電車内」とメモする。日記や報告書でもないのに、なぜこのような日時と場所をわざわざ記すのか。それはそのアイディアをあとでもっと膨らますためだ。

人間の脳は一度にひとつのことしか考えられない。しかも、それがこれまでに考えつかなかったような発想であればあるほど、そのことで頭が一杯になってしまうものだ。慌ててメモを取り出して書き留めたとしても、瞬時に冷静な分析をするのは難しい。

ところが、**ほとんどのアイディアは偶然ひらめくのではなく、そこにはたいてい発想の引き金となった〝何か〟がある**。たとえば、新しい商品企画を思いついたとき、そのちょっと前に並んだコンビニのレジで女子高生たちが交わしていたひと言が、その思いつきのキッカケになっていたということも珍しくない。

ようするに、思いつきをメモするときに日付や場所も一緒に書いておけば、あとからそのひらめいた状況や背景も含めて記憶をたどれる。すると、そのひらめきのタネが何であったのかをより正確に思い出せるのだ。

「そういえば、女子高生たちはスナック菓子のパッケージを見て話していた。どんなデザインだったのだろう?」と、そのひらめきを別の視点からみることでさらにアイディアを膨らませたり、そこからまったく違う考えを思いついたりするかもしれない。**アイディアと日時・場所をあわせて記録すると、アイディアの連鎖が起こりやすくなる**のである。

好感度が200%アップする「雑談メモ」

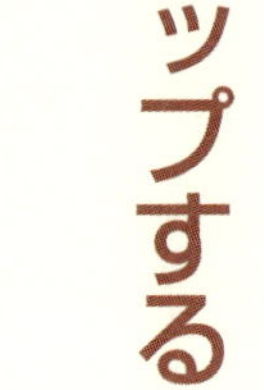

戦う相手を知り己を知れば、百戦戦っても負けないという意味の言葉が「孫子の兵法」の中にある。ビジネスの場においても、相手を知ることが重要なのはいうまでもない。

そこで活用したいのが**「雑談メモ」**だ。専用のメモ帳やノートを準備してもいいし、相手の名刺の裏に書き込んでもいい。**商談や打ち合わせのあとに気づいたことを記入する**のだが、コツはなるべく細かいことまでメモをすることだ。するとその情報を活かすことができる。

たとえば相手がスポーツが好きなら、どこのチームのファンか、好きなプレイヤーは誰かまで聞いておく。酒が好きなら、好きな酒の種類やどんな店に行くのかを聞いたり、家族の話題が出たら家族構成だけでなく年齢も記しておく。そうすれば次に会ったときに「お子さん、進学ですね。おめでとうございます」といった会話の糸口をつくることができる。

また、商談が終わり雑談に移ったときに、ふと取引先が「ライバルのA社は、最近なんだか頑張っているね」と言ったとしよう。

裏が白紙の名刺は「雑談メモ」として活用する

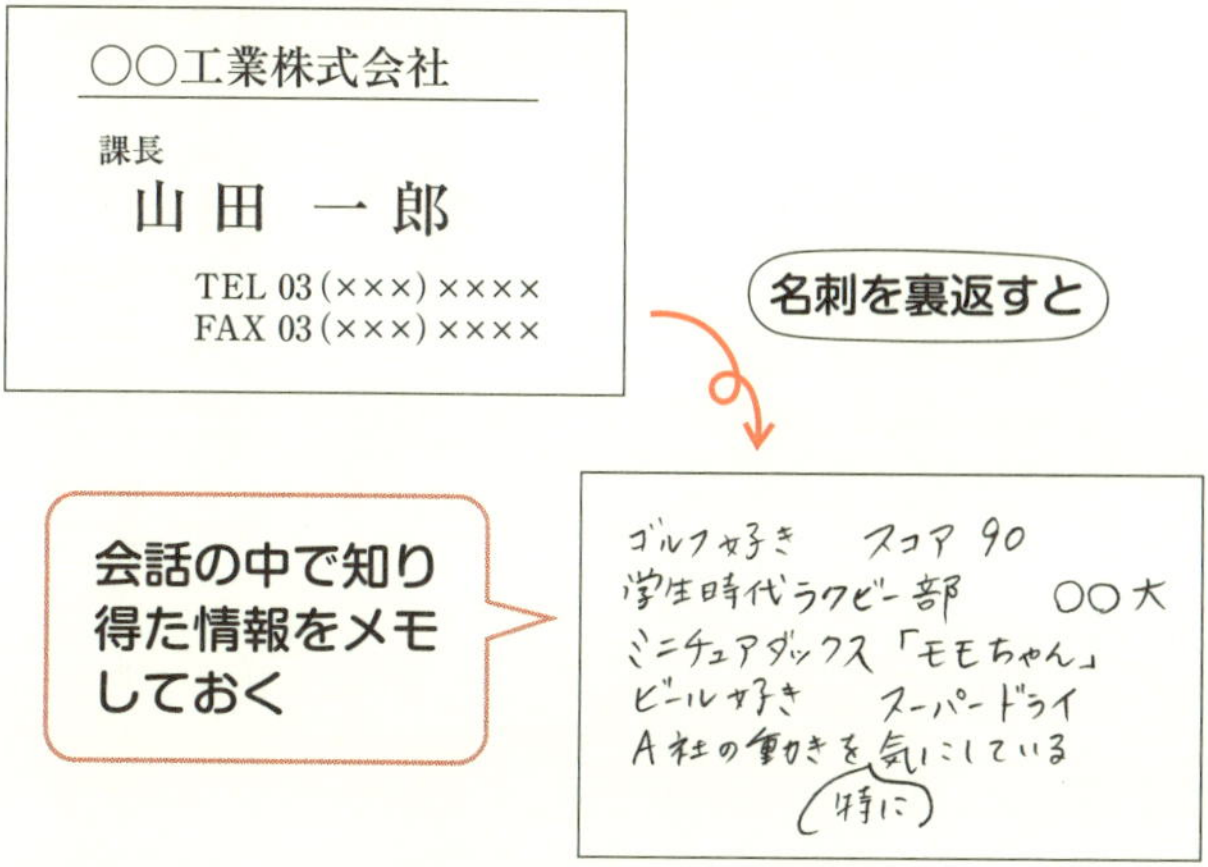
○○工業株式会社
課長
山田　一郎
TEL 03（×××）××××
FAX 03（×××）××××
名刺を裏返すと
会話の中で知り得た情報をメモしておく
ゴルフ好き　スコア90
学生時代ラグビー部　○○大
ミニチュアダックス「モモちゃん」
ビール好き　スーパードライ
A社の動きを気にしている
（特に）

ふだんから会話に注意していなければその場で聞き流してしまうような、こんな情報も忘れないようにしっかりとメモする。そして、会社に帰ったらさっそく調べてみる。すると、そこからA社が営業部員を増やして販促に力を入れようとしていることとか、新しい商品を開発してその販促キャンペーンを打とうとしていることなどがわかったりする。

さらに、次の打ち合わせのときにこのことを話題に出せば「雑談まで覚えていてくれたのか」と、好印象まで与えられたりする。とにかく気になる話題はどんどん書き留めれば、それがいつしか役に立つはずである。

あとで貴重な資料になる「Q&A式メモ」

仕事をしていると、ふと疑問に思う事柄に出会ったりする。そんなときは、調べた「結果」だけなく、なぜ疑問に思ったかという「疑問点」も一緒にメモしておくようにすると、あとで非常に役に立つ。

たとえば、地球温暖化について「二酸化炭素ってそんなに温暖化を進めているの？」と疑問に思ったとしよう。ところが調べてみたら、メタンガスのほうが二酸化炭素より温暖化を進めているという結果が出た。だが、ここで「メタンガスが地球温暖化を進めている」という結果だけを書いて終わらせてしまうと、あとで読み返したときに、なぜこれをメモしたのかわからなくなる。利用価値の低い情報だと読み捨ててしまう可能性があるからだ。

そこで、ここに疑問点と結果を合わせて記入していれば、そのときの状況をすぐに思い出せるし、あとで何かの資料にしようという気持ちも生まれる。場合によっては、疑問点から新しいアイディアが生まれる可能性もあるのである。

● 調べた内容だけをメモすると…

・クロマグロが絶滅の危機にあるため

・EU輸入禁止

● Q＆Aでメモすると…

・日本の食卓からマグロが消える？

―ＥＵがクロマグロ輸入禁止を検討

―地中海や大西洋でクロマグロが絶滅の危機にあるため

快適なメモ環境を邪魔する最大の敵とは

社内にはひとりぐらい〝メモ魔〟と呼ばれるマメな人がいる。そういう人はメモをとることが習慣になっているので、その行為がまったく苦にならない。むしろ、手ぶらで人の話を聞くことに違和感や不安感さえ覚えているはずである。

こういう人を「自分もぜひ見習いたい」と思うなら、まずペン選びから始めてほしい。

「ペンくらい好きなものを使わせてくれ」という意見もあるだろうが、電話の相手に伝言を頼まれ、**インクの出ないペンを片手に大慌てした**という経験は誰にでもあるだろう。

メモをとるということに関しては、じつはこれが最大のストレスなのだ。

たとえば、知りたい情報を持っている人に頼み込んで、やっと話を聞けるというときに、いざ書き留めようとしたら肝心のペンが書けなかったとしよう。

あせって試し書きをしているうちに、話はどんどんと先へ進み、ようやく態勢が整ったときには少し前の内容はすっかり記憶の彼方……。こうなるともうメモをとる気力は失せて

しまい、メモ魔への道は遠のくばかりだ。

　では、どんなペンを選べばいいのかというと、やはりインクの出がスムーズな水性ボールペンが無難である。たいして力を入れなくてもなめらかに書けるし、最近注目されている早書き用のボールペンを活用するのもいいだろう。

　しかも、メモをとるときは、必ずしも平らで硬い机が用意されているとは限らない。というより、むしろ左手にメモ用紙を持ったままの姿勢で書くことのほうが多いかもしれない。

　そんなときのためにも、**手になじんだ書きやすいペンを携帯しておく**ようにしておきたい。

みるみる問題が解決する「3色ボールペン」の法則

取引先の要望やクレームをメモするときは3色ボールペンを活用したい。

たとえば、取引先があなたの会社のサービス態勢に不満をもっているようなら、まず黒のインクでそのことをノートに書き留める。このとき、「商品がいつ届くのかわからない」「納期を問い合わせても要領を得ない」というように、できるだけ〝生の声〟を拾って書きとめるようにしたい。

次に、取引き先の話から推察できる問題点を洗い出す。そうしたら、今度は青インクで「商品の配送の連絡が不十分」「納期の管理が不徹底」などと問題点を書き加えていく。この黒字と青字を使い分けることで要望とその問題点が明らかになるのだ。

そして、対応策がまとまったら、赤インクで「注文書に納期の記入欄を設ける」「誰もが納期を調べられるシステムにする」などと書き加えていくのである。こうして**黒、青、赤の3色を使い分けることで解決までの流れがひと目でわかる**ようになるのだ。

色分けすると「要望」「問題点」「対応策」がひと目でわかる

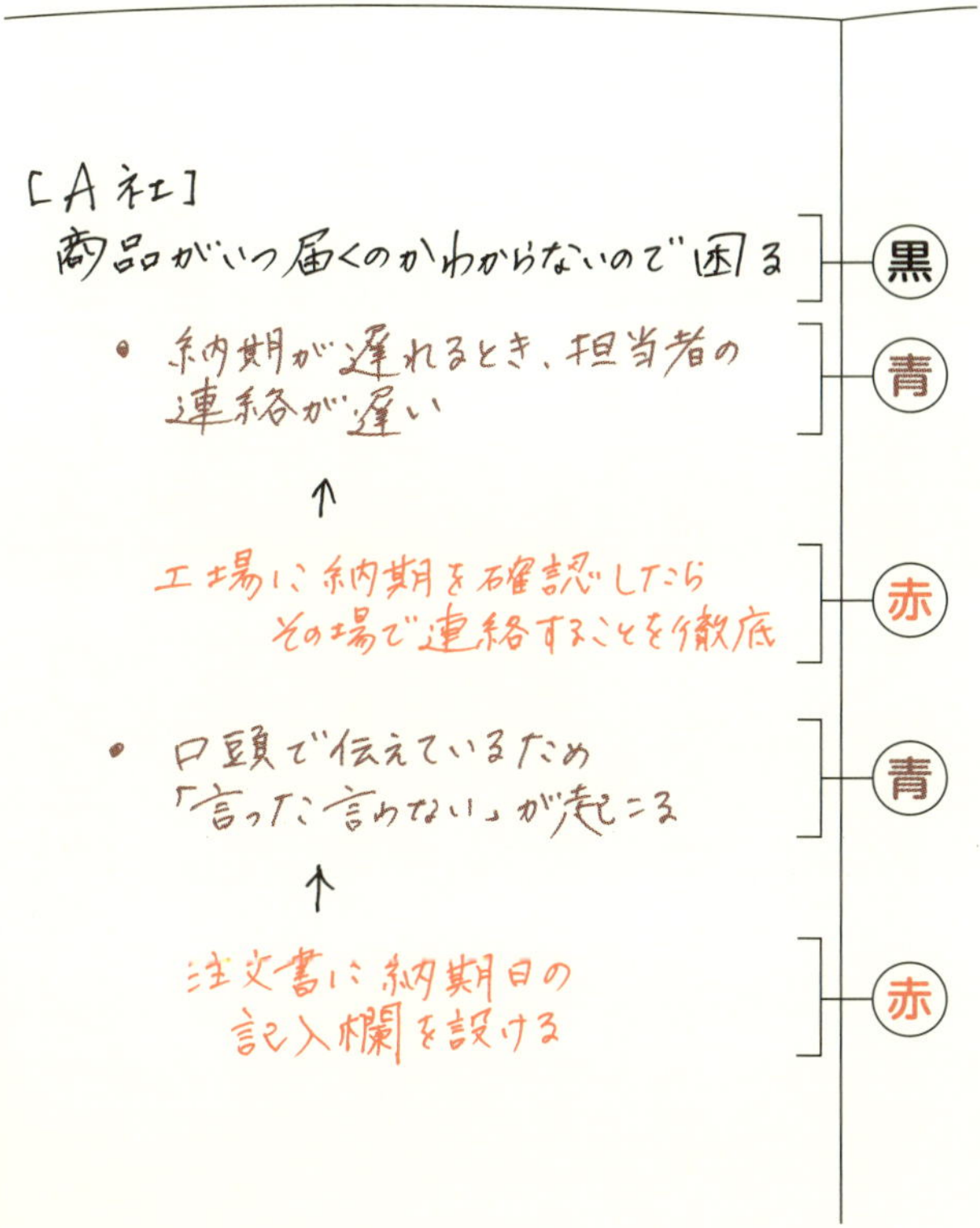

［A社］
商品がいつ届くのかわからないので困る
黒
・納期が遅れるとき、担当者の連絡が遅い
青
工場に納期を確認したらその場で連絡することを徹底
赤
・口頭で伝えているため「言った言わない」が起こる
青
注文書に納期日の記入欄を設ける
赤

「高級ペンよりむしろ100円ペン」でアイディアが貯まる

仕事のモチベーションを高めるために、高級ブランドの万年筆やボールペンなどを持つことも大切だが、思いついたことをすぐに書き留めることができるようにしたいなら、100円ショップで売っているペンをとにかくいっぱい買ってきて、いろいろな場所に置いておくと便利である。

仕事のアイディアはいつどこで、どんな面白い発想が浮かぶかわからないし、新聞や雑誌、テレビで知った話が印象的で、職場に取り入れたいと思うこともあるだろう。そんなことを**何でもその場で書き留めるためには、生活スペースのいたるところにペンが置いてあったほうがいい**のである。

会社や自宅の机の上はもちろん、キッチンやテレビを見るときに座るソファーの脇、玄関、トイレ、そしていつも持ち歩くバッグの中などにも安価なペンを入れておく。そうしておけばいつでも取り出して使えるというものだ。

ボールペンがあると便利な場所リスト

☑	カバンの中	□	洗面台
□	ジャケット コートのポケット	□	ソファーのそば
□	玄関	□	パソコン机
□	トイレ	□	車のダッシュボード
□	寝室	□	灰皿のそば
□	キッチン	□	ダイニングテーブル

また、書き記す紙のほうも「何でもいい！」と割り切って雑誌や新聞、折り込み広告や本のカバーの裏、コンビニエンスストアで買い物をしたときのレシートの裏などを利用する。

とにかく大切なことは、思いついたことを「忘れないうちに、すぐ書く」という習慣をつけることである。

そういうクセをつけておけば、せっかく浮かんだアイディアを忘れてしまうこともなくなるし、それが何かの企画につながっていく可能性も広がる。

走り書きのメモは、きちんと書いたメモよりも利用価値が高いということを覚えておこう。

メモカドリル

質問

おもしろいアイディアが浮かぶのは、何も机に向かっているときだけではない。〝いざ〟というときのために、アイディアを書きとめるメモ帳はひと時も手放したくないものだ。そんなメモの書き方として理想的なのはどっち？

A

効果的なプロモーションは？
↓
ブログを立ち上げる
・女性視点
・キャラクターも登場して
親しみやすく

B

4/20、19：30、カフェにて
クライアントからTEL
「新商品のプロモーション
を検討」
↓
女性向け媒体の空き枠を
カクニン

質問の答え…B
どちらも簡潔な内容だが、思いついた場所と日時があるほうがアイディアを思いついた状況をすぐに思い出せる。そこからアイディアはさらに膨らんでいくのだ。

STEP 3

「手帳力」

仕事の効率が上がるうまい使い方

手帳にただ予定を書き、確認するだけではもったいない。手帳を有効活用できれば、仕事の効率ばかりか、やる気も倍増させることができる。さて、その方法とは？

「仕事とプライベートの手帳は分けない」のが鉄則

手帳のスケジュール欄を開いたとき、色とりどりの文字でたくさんの予定が書き込まれていたら、もうそれだけで自分の生活はいろいろな刺激に満ちたものであるかのように思えてくるはず。どうせ持つなら、そんな手帳にしたいものだ。

そこで、そんな手帳にするためのコツをひとつ。それは、**「仕事」と「私用・プライベート」の手帳を1冊にまとめ、さらに予定を書き込むときには、テーマごとに文字の色を変える**のである。

たとえば、「仕事」に関する予定は黒、「家族」との約束や誕生日などは青、「友人」との約束は緑、「デート・合コン」などは赤、というように色分けして記入する。それだけで「毎日、仕事仕事……」と仕事漬けだった自分の生活が、不思議と充実した楽しいものに見えてくる。

黒い文字の「仕事」の予定がびっしりと並んだあとのアフターファイブに、赤で「合コン」の予定が書き込んであれば、仕事を早く終わらせようとテンションも上がる。これも、仕事とプライベートの予定を1冊の手帳に記入してあればこそである。

これなら、合コンの場所と時間を確認するのにわざわざ仕事の手を休めて、もう1冊のプライベート専用の手帳を開く手間も省ける。

たしかに仕事で公私混同はやめたほうがいいが、ことスケジュールを書き込むことに関しては、公私混同のほうがいいこともある。

また、テーマごとに色を変えて書き込みをすると、自分のスケジュールのバランス調整もしやすくなる。

「最近、青い文字の書き込みが少ないな」と気づいたら、自分から積極的に家族と過ごす時間をつくろうと思うかもしれない。「赤い文字が減ってきてるな」とわかれば、彼女とのデートの機会を増やそうと仕事にも気合が入るはずだ。これならストレスもたまらないし、仕事ばかりか生活全体に張り合いができる。

これを実践するためには、もともと手帳についているペンではなく、安いものでいいので4色のボールペンを持ち歩きたい。やってみるとわかるが、記入する内容によって色を変えるというのは意外と楽しい作業である。黒い文字だけがビッシリと並んだ味気のない手帳と違って、開くことそのものが刺激になるはずだ。

「時間想定メモ」でムダな時間が省ける

スケジュール表には、たとえば「14：00　○○社△△氏と打ち合わせ」というように、その予定の開始時刻だけを書き込むのがふつうだ。

だが、この予定が予定どおりに終わらず、次の予定に食い込んでしまった経験のある人も多いだろう。一度予定がずれ始めると、そのしわ寄せで、その後のすべての予定の開始時間がずれこんでしまうということもよくある。

とくに1日の後半に打ち合わせが何本か立て続けに入っている場合、予定がズレるとたいへんなことになる。時間を変更してほしい旨の連絡を入れる暇もなく、相手を何時間も待たせてしまい、その結果、人間関係にもヒビが入りかねない。

そこで、**スケジュールを書き込むときはあえて終了予定時刻も一緒に書き込む**ようにしておきたい。すると仕事の流れがスムーズになるのだ。

たとえば、14時からの打ち合わせの次に15時から会議があるとすれば、「14：00　○○社

△△氏と打ち合わせ」だけでなく終了時間の「14：50　打ち合わせ終了」も一緒に書き込んでおく。すると、14時40分頃になったら「そろそろ話をまとめよう」と頭の中で話の流れを計算できる。

もし、時間内に話がまとまりそうにないと思えば、次のスケジュールのことを考えて、「今回は一度会社に持ち帰って検討させていただきますので、後日あらためて打ち合わせをさせてください」と提案をすることもできる。そうすることで次の予定が狂うことなく、他の仕事への影響も出さずにすむのだ。

最初から時間が限られていれば、たいていの場合、人間はその時間内でなんとかしてカタをつけようと思うものである。たとえば50分という時間を与えられた打ち合わせや商談であれば、なんとかしてその50分以内に結果を出そうとして、持てる力を十分に発揮するものだ。これが本当に有効な時間の使い方ともいえるのではないだろうか。

なお、この方法を実行するうえで必ず必要なのが時計である。相手と話しながら、あるいは何かの作業をしながら、ときどき時刻をチェックする必要がある。そのために、見やすい文字盤の腕時計を身につけておき、相手に配慮しつつ時間を確認するなどのマナーも忘れないようにしたい。

スケジュール、メモ、資料…すべてをうまく整理するインデックス法

システム手帳はリフィルを1枚単位で差し替えて、使い勝手のよい手帳にカスタムできるのが最大の特徴だ。なかでもリフィルを区分けするための樹脂製のインデックス（見出し用紙）は、使い方次第で手帳の情報整理グッズになる。**インデックスには縦と横のふたつのタイプが売られており、このふたつを使うと情報集約型の手帳を作ることができる**のだ。

縦タイプのインデックスはリフィルの縦方向にタブ、つまり見出しが突き出しており、一方の横タイプは横方向に出ている。これらをメモのリフィルと一緒にシステム手帳に綴じ込んでしまうのだ。

そして、縦のインデックスにはアイディア、企画案、プロジェクト案など思いつきや検討を加えたい項目を並べ、横には計画、売上推移、調査結果などの参考になりそうな資料の項目を入れておくのである。

これだけで、ふだんは別々にして持っているメモ帳と資料のファイルを一緒にすること

インデックスをつけておけば情報整理が簡単

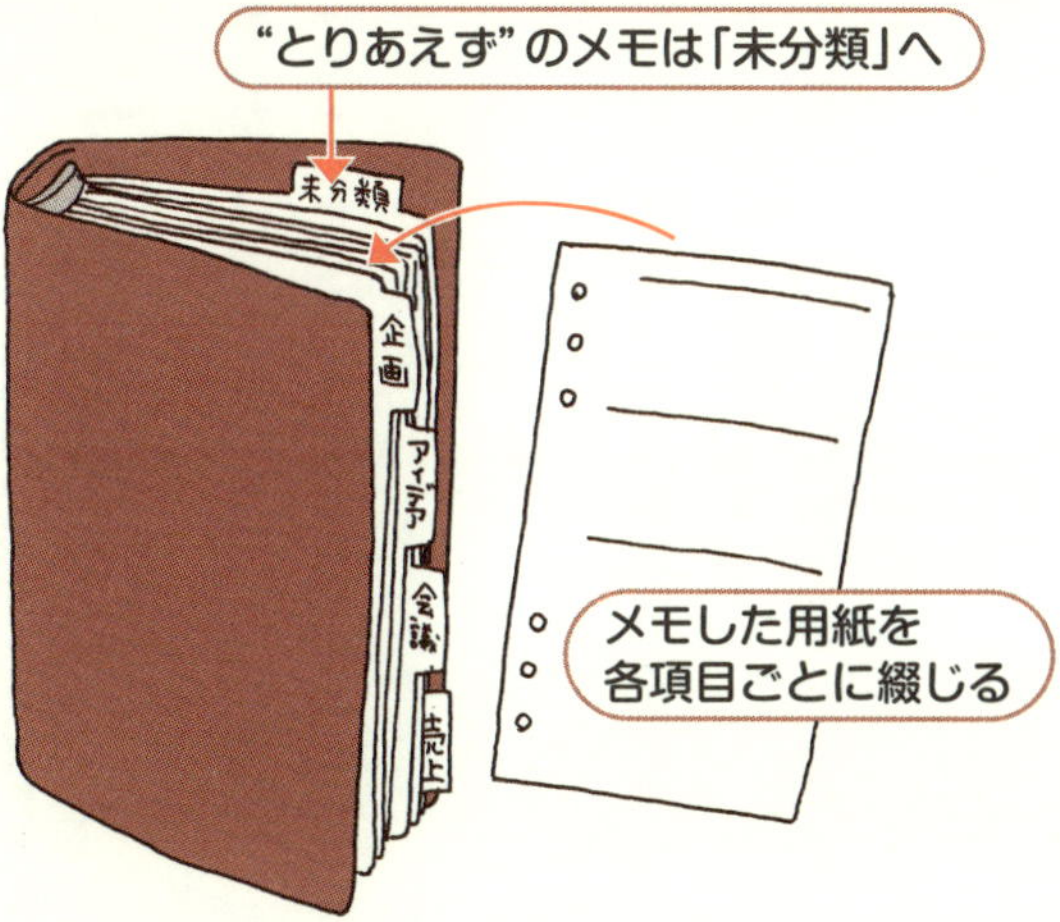
“とりあえず”のメモは「未分類」へ
未分類
企画
アイデア
会議
売上
メモした用紙を
各項目ごとに綴じる

ができるのだ。

さらに、横タイプのインデックスには“未分類”の項目もつくっておきたい。会議の時間が迫っていたり、移動中のタクシーの中など、時間がなくて走り書しておきたい場合はすべてそこに書き込んでおき、あとで該当する分類に振り分けてしまえばいいのである。

このようなシステム手帳の使い方をしていると情報をもれなく収集できるうえ、発想の幅も広げることができる。さらに自然と項目ごとにメモや資料が分類されるので、頭の中まで整理され、発想の大きな手助けとなるのだ。

過去の手帳を最大限に利用するための情報ストック術

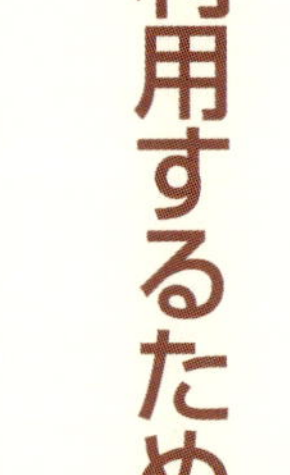

仕事の参考にできないものかと、過去に手がけた仕事のメモを手帳から探し出そうとしたときに思わぬ時間がかかってしまったことはないだろうか。これはときとともに、その当時の記憶が薄れてしまい、「えーと、いつごろのことだっけ」と記憶がぼやけてしまっているからである。

このようなことをなくして過去の情報をより効率的に利用するには、**書いた内容を１カ月ごとにすべてパソコンに入力しておく**といい。

「手帳」という専用のフォルダをつくってそこに保存するようにすれば、いちいち手帳をめくらずとも、パソコンのキーボードをたたくだけで必要な情報を取り出すことができるというわけだ。

それに、過去の記憶が多少薄れていてもパソコンには検索機能が備わっている。キーワードさえわかっていれば、コンピュータが探し出してくれるのだから、こんなに楽なことは

メモした内容を
パソコンで
入力する
Word、Excel
など使い慣れた
ソフトでOK
「検索」機能を
使って探し出せる

ない。

パソコンに保存する情報は、訪問先の連絡先や担当者名だけでなく、そのときに進めていたプロジェクト名や取り組むことになった経緯、そして結果、また走り書きした企画のメモや調査データなども入力しておきたい。こうしておけば、のちのちの仕事の参考にすることができるからだ。

さらに仕事以外でも、手帳にメモをした読書記録や気になった出来事などを一緒に保存すれば、備忘録としても使える。

過去の出来事は書いたままにせず、どんどんパソコンに入力して管理すれば、貴重な〝**マイ資料庫**〟がつくれるのである。

手帳を「家計簿」として利用するちょっとした工夫

手帳をめくってみると、スケジュール表のページには文字がぎっしりと詰まっているのに、メモのページのほうはほとんど白紙状態だったりすることがある。手帳はページによって使われ方にかなり片寄りが出るものだ。

そんな**使われていないスペースを活用して、1日に使った金額と目途《もくと》を書き込んで**みてはいかがだろうか。そうすればその手帳は**〝持ち歩ける家計簿〟**にもなるのだ。

電車やバス、タクシーなどの交通費、昼食代、コンビニエンスストアでのちょっとした買い物など日々出ていくお金は多い。それらを小まめに書き込んで、たとえば会社に請求できる交通費などには「▲」、領収書があるものには「＊」の印をつけておく。領収書などは手帳の最後のページにはさんでおけばいい。

こうしておけば、自分のお金の管理に役立つばかりか、1カ月のお金の出入りを振り返ってみると、自分がどれくらいあれば生活できるのかを把握できる。

手帳の空きスペースを「家計簿」にすれば支出を管理できる

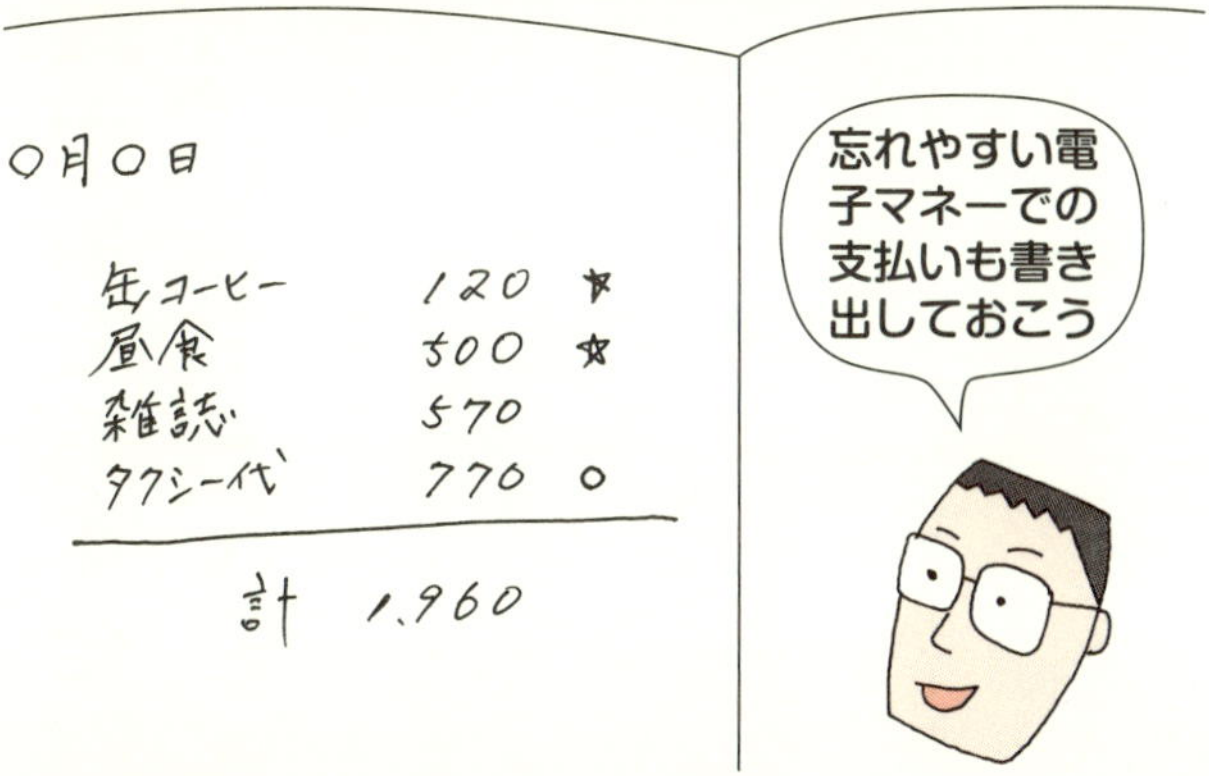
○月○日
缶コーヒー　120　☆
昼食　500　☆
雑誌　570
タクシー代　770　○
計　1,960
忘れやすい電子マネーでの支払いも書き出しておこう

※「☆」は電子マネーでの支払い、「○」は領収書ありなどマークを決めておくと便利

また、1日の最後にその日使った金額をまめに計算すると、「ここのところちょっと使い過ぎているから、今週は少し緊縮財政でいこう」とか、「先週は飲み代が多かったから今週は我慢しよう」といった調整もしやすい。

便利な電子マネーの普及で、最近はコンビニエンスストアや書店でも現金が動かない買い物が多くなった。実際には自分がどれくらいのお金を使ったか把握するのが難しくなり、よくよく計算してみたら、けっこうムダな買い物をしていたなんてことも少なくない。そうならないためにも、持ち歩ける家計簿でしっかりと自分の給料を管理したいものである。

急な用事にもすぐ対応できる〝ちょい便リスト〟とは

プリンターのインクカートリッジを買おうと家電量販店に行ったら、種類がたくさんありすぎて、どれが自分のプリンターに合うのかわからずに結局買えなかった……というような経験をしたことはないだろうか。こんなとき、手帳のうしろに作っておくと便利なのが、**〝ちょい便リスト〟**だ。

ちょい便とは「ちょっと便利」という意味。**消耗品の型番や図書館のパスワード、ショッピングサイトのログインIDなどこのリストに控えておく**のである。

とくにインターネットを使っていると、覚えておくべき数字やパスワードが多い。銀行のキャッシャカードやクレジットカードの暗証番号などは、防犯の面から書かないほうがいいが、年に数回しか使わない番号やパスワードなどは控えておくと便利だ。

さらに、このちょい便リストに載せておくと意外と重宝するのが、出張の際の「持ち物一覧」だ。

すき間の時間が有効に使える〝ちょい便リスト〟

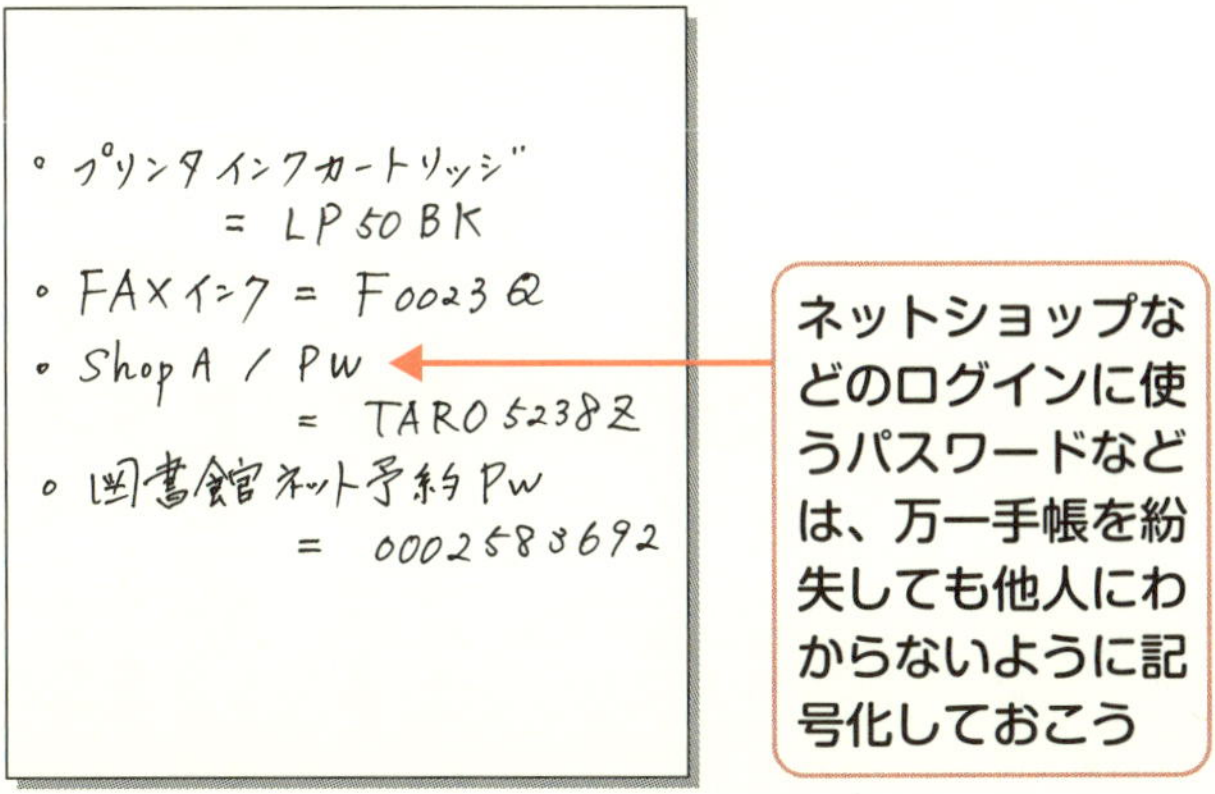
・プリンタインクカートリッジ
= LP50BK
・FAXインク = F0023Q
・ShopA / PW
= TARO5238Z
・図書館ネット予約PW
= 0002583692
ネットショップなどのログインに使うパスワードなどは、万一手帳を紛失しても他人にわからないように記号化しておこう

泊まりがけの出張となると、着替えや洗面用具、万一のための医薬品までこまごまとした携行品が必要となる。うっかり髭剃りでも忘れてしまうと、宿泊先からコンビニエンスストアに走ることにもなりかねない。こんなことが起きないよう、自宅を出る前に手帳に書いたちょい便リストと照らし合わせてカバンの中をチェックしておけば安心だ。

さらに、仕事で使えるような静かなカフェや、落ち着いた料亭の電話番号などもこのリストに控えておけば、急な商談や接待があっても慌てずにすむ。多忙なビジネスパーソンにとって、ちょい便リストは心強い味方になるのだ。

手帳を良質の「接待ガイド」として利用する裏ワザ

東京に続いて大阪、京都版も出版されて話題となっている「ミシュランガイド」だが、自分だけの「マイミシュランガイド」を手帳に作ると、いろいろな場面で役に立つ。**同僚と飲んだ居酒屋や接待で使ったレストランなどの店名や場所、電話番号はもちろん、料理や酒の種類や特徴、店の雰囲気、店員の質などの情報をどんどん書き込んでおく**のだ。

たとえば、「静かで落ち着いた雰囲気。店員も気配り上手」という店であれば、じっくり話し込みたいような商談や会合にふさわしい。また「食事がうまく、安くて量も多い」という店なら、後輩を連れていっても安心できる。あるいは「店の雰囲気がよくて、カクテルが豊富」といった店なら、女性にも満足してもらえそうだと判断できる。

もちろん、店としての評価も書き込んでおくといいだろう。自分で「★5つが最高」と決めて、「★★★★」などと記入しておけば参考になる。まさに自分だけのグルメなガイドブックというわけだ。

〝マイミシュランガイド〟のページを作っておくと便利

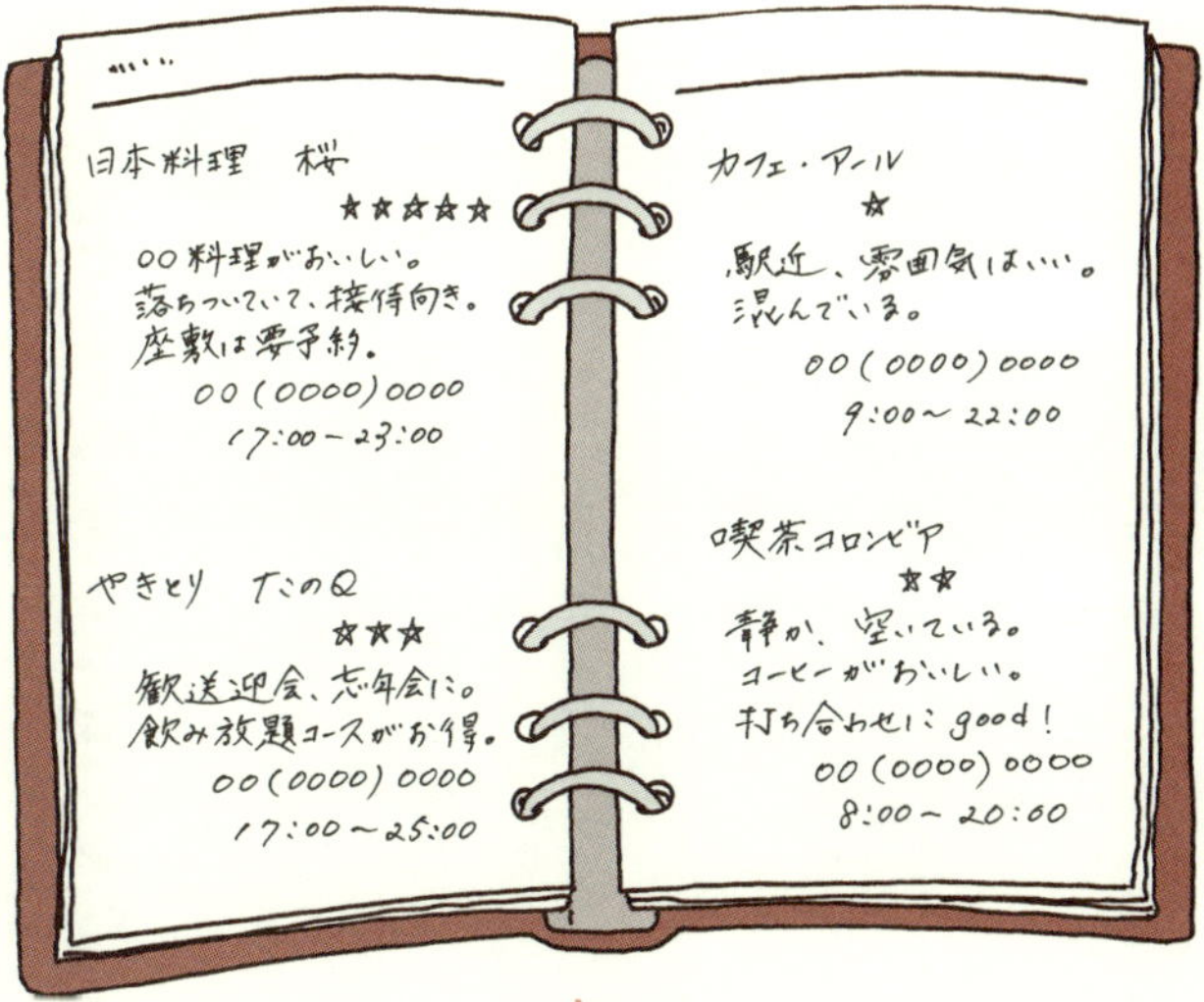

実際に行った店の情報をストックしておけば、安心して人にもすすめられる

手帳に書くとモチベーションが上がる「10年計画表」

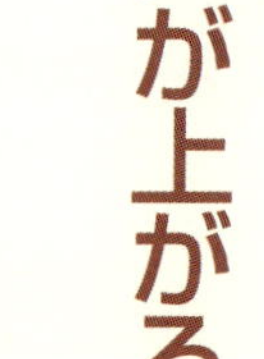

じつは、日ごろ使っている手帳にちょっとした工夫をするだけで「自己啓発」の効果を加味することができる。それは**「10年計画表」**の作成だ。

誰にでも「将来はお金持ちになりたい」というような願望があるはずだ。だが、どんなお金持ちになりたいのか、漠然としていることのほうが多いだろう。何歳でどんな職業に就き、どのくらいの資産を保有していたいのか、その願望を手帳に具体的に書いてみるのだ。

しかし、たいていの人は、そこまでは書けないのではないだろうか。その理由は、願望がただの〝夢〟で終わっているからだ。これではいつまでたってもかなえることができない。

そこで、自分の「10年計画表」を作るのである。

まず、10年後の自分を具体的に思い描くことから始める。どんな仕事をして、いくら収入を得ているのか実際に想像してみる。次にそれを手に入れるためにはどうすればいいのか、思いを巡らせるのだ。何歳までに何の資格を取得し、どんなスキルを身につけておけばいい

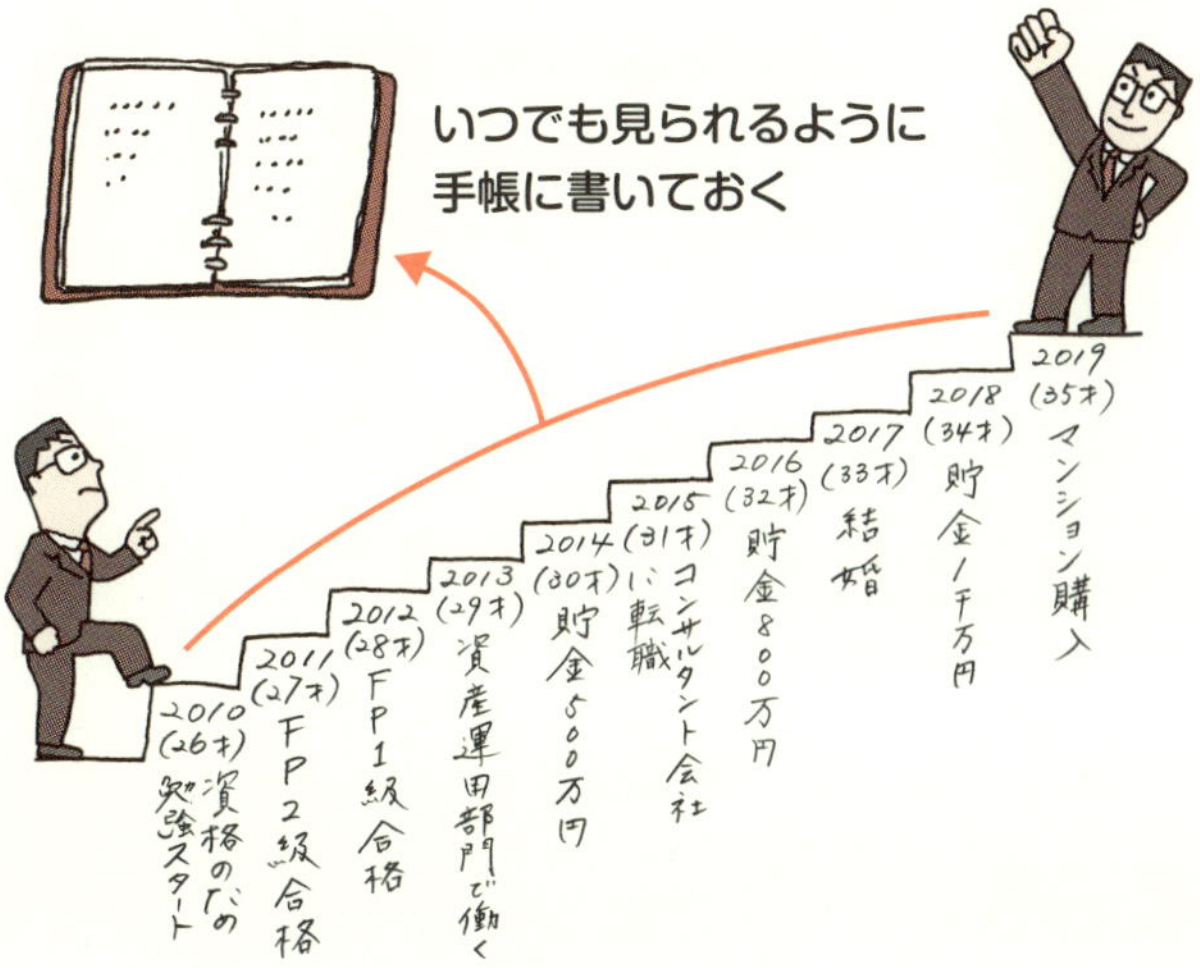
いつでも見られるように
手帳に書いておく
2010(26才) 資格のための勉強スタート
2011(27才) FP2級合格
2012(28才) FP1級合格
2013(29才) 資産運用部門で働く
2014(30才) 貯金500万円
2015(31才) コンサルタント会社に転職
2016(32才) 貯金800万円
2017(33才) 結婚
2018(34才) 貯金1千万円
2019(35才) マンション購入

のか、気づくはずである。

そして、ある程度イメージできたら、今度は**1年単位で10年間のスケジュールを組んでみよう**。

すると、願望をかなえるための今年の目標が具体性をもって見えてくる。もし仕事に行き詰まったり、悩んだりしたときもこの10年計画表を広げてみれば気持ちを切り替えることもできるはずだ。

ちょっとした失敗などは、10年という長期的なスパンからみれば些細なことに過ぎない。小さなことにくよくよせず、「まだまだ自分にはやるべきことがある」と、さらなるファイトも湧いてくるにちがいない。

手帳力ドリル

質問①

３人の女性が手帳の使い方について話している。真似すべき手帳術は次のうちどれ？

A「私は仕事の予定もプライベートの予定も１冊にまとめて書いてるのよ」
B「私は使ったお金と目的を書きこんで、家計簿にもしているわ」
C「私は行った立ち飲み屋とその評価も書いて〝立ち飲みミシュラン〟にしてるわ」

質問②

外出先で手帳を確認すると、どうやら次のアポイントの時間をすっかり勘違いしていたようだ。今からでは遅刻は確実。こんなときの最適な行動とは？

A すぐに訪問先に連絡を入れて、到着できる最短の時間を告げる
B すぐに訪問先に連絡を入れて、到着できそうな時間より少し遅めの時間を伝える
C 相手も忙しいかもしれないので、連絡はしない

質問①の答え…ABC のどれも正解

質問②の答え…B の行動がベスト
もうこれ以上の遅刻はできないので、万一のことを考えて少し余裕をもった時間を伝えておけば、確実にその時間までに到着できるだろう。あとは到着してからひたすら謝ろう。

STEP 4

「企画力」

必ず通る企画書の書き方の秘密

新しいビジネスチャンスを生み出す力を持った企画書とは？　相手の気持ちをわしづかみにして離さない企画書とは？……誰もが知りたい通る企画書の秘密を大公開！

企画書はタイトルと1行目で8割決まる

自分が企画を提案される立場だったとして、相手から企画書を受け取ったら、まずどこをどう見るだろうか。ほぼ間違いなく、1枚目もしくは1行目のタイトルあたりに目がいくはずだ。提案される側がまず知りたいことは、「この人は何についてこれからプレゼンをしようとしているのか」ということだからだ。

そこにたとえば、「新ビジネスパーソン向けグッズの販促計画企画書」とか「ネットタイアップ展開についてのご提案」といったタイトルがついていたとしよう。すると、何の話題についてのプレゼンがこれから始まるのかを理解できる。しかしこれでは味も素っ気もなく、読み手の心をつかむことはできない。

では、読み手により強い興味を持ってもらうにはどうすればいいか。ここではCMやポスターなど、商品の宣伝戦略の手法を応用してみよう。商品の宣伝には、商品そのものの名前とともにキャッチコピーがある。キャッチコピーとは、商品に関心を持ってもらうために、簡潔に商品のイメージを伝える宣伝文句のことだ。

たとえば2009年のワールド・ベースボール・クラッシック（WBC）のキャッチコピーは「侍ジャパン」だった。このような短い言葉から思い起こされるイメージが人々の心にインパクトを与え、商品全体の印象を押し上げるのである。

企画書もそれと同じ。**企画そのものが商品名だとすれば、それを印象づけるひと言がタイトルであり、キャッチコピーなのである。**読み手に何がしかのインパクトを与え、「これはどういうことだ？」とか「おもしろそうだ」といった興味を引きつけるものであったほうが、その後の「食いつき」が俄然よくなるのだ。

したがって前述のタイトル例もキャッチコピーとからめて、たとえば「首都圏の新ビジネスパーソン、4人に1人が持っている！　○○の全国販売ルートの構築」とか、「コストを半減して、売上げを200％伸ばす！　ネットタイアップ企画のご提案」といったように、「この企画で何がどう変わるのか」という点をアピールしたタイトルにすると、企画自体に躍動感が生まれてくる。

タイトルには企画の焦点を明確にし、内容に一貫性を持たせるという役割もある。逆にタイトルをつけるのに困るようでは、企画の主旨がはっきりしていない証拠でもあるのだ。

グンとわかりやすい企画書に早変わり「目理方結」の法則

たとえば会議の際に、あなたの目の前に数十ページにわたる分厚い企画書が置かれたとしよう。あなたはそれを読みたいと思うだろうか。ほぼ間違いなく、面倒くさくなるはずだ。

企画書は枚数が少ないほどいい。できれば、A４用紙１枚程度に収まればベストだ。では、１枚に収めるためにはどのように文章を組み立てればいいのだろうか。

よく文章を書く方法として「起承転結」や「序破急」といった言葉を耳にする。しかし、これらは主に小説や論文を書く際に使われる方法で、簡潔にまとめたい企画書にはあまり向いていない。

じつは企画書にうってつけの書き方が存在する。それが**「目理方結」の法則**だ。

これは「目的、理由、方法、結論」を合わせた造語なのだが、このルールさえ知っておけば企画書をまとめる作業はグンと楽になる。**企画を立てた目的と、それを実行に移す理由、そして、それをどうやって行うかという方法と、最終的なまとめとしての結論。**企画書には

簡潔にまとまった企画書の書き方のポイント

目 ……「目的」(企画の目的、意図)

理 ……「理由」(なぜこの企画がいいのか)

方 ……「方法」(どのように実施するか)

結 ……「結論」(どのような効果が得られるか)

なくてはならないこの4つの項目を順を追って書いていけばいいのだ。

これがきちんとまとめられていれば、長々と文章を書き連ねる必要はない。それぞれの項目に従って要旨を簡潔にまとめ、文章もできるだけ短くする。箇条書でもいいのだ。

もし書き足りないことがあったら、企画書を提出するときに口頭で補足すればいいという気持ちで短くインパクトのある言葉でまとめたい。

もちろん説明の流れやプレゼンをする相手の性格を踏まえてこの順番を変えてもいい。ぜひ「目理方結」でA4・1枚の企画書に挑戦してみてほしい。

企画書には必ず「デメリット」を書いたほうがいい訳

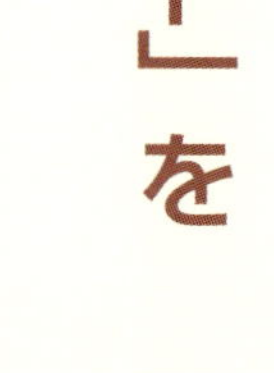

企画書を作っていると、練りに練った企画をどうしても通したいあまりに、この「企画のいいところ」や「成功した場合のメリット」ばかりを強調しがちになる。

しかし、それだけではなかなか信頼は得られず、ゴーサインは出してもらえない。なぜなら、**ビジネスの経験が長い人ほど、どんなすばらしい企画にもメリットがあればデメリットもあるということを知っている**からだ。

いざ、プレゼンでいいところばかり強調しても、「じゃあ、こういう場合はどうするんだ」とツッコまれて、せっかくの力作も結局は「きれいごとを並べただけの穴だらけの企画」と評価されてしまうことになる。

そうならないために、**企画書にはメリットと同時に、最初からデメリットやネガティブな情報も盛り込みたい**。その両方がきちんと盛り込まれていてこそ企画としての現実味を帯《お》びてくるのである。

しかも、メリットにしてもデメリットにしても、なるべく具体的でリアルな書き方をするほうがいい。そのほうが相手をより納得させやすいからだ。

たとえばメリットであれば、「○○パーセントの売上げアップが予想される」「少なくとも顧客の○割を取り込むことができる」というように具体的な数字を挙げる。「こういった反響が予測される」「こんなイメージアップにつながる」といった内容を盛り込む場合でも、具体的にどういった人から、どういった形での反応があるかを過去のデータなどをもとにして具体的に想定しておく。

反対にデメリットやリスクが考えられる場合でも、「この戦略が当たらない場合は、売上げに○○な影響が出る」「○○層に対してはイメージダウンになる可能性もある」というように、予想できる事柄をできるだけ具体的に盛り込むと同時に、その対応策についてもコメントしておく。こうしておけば、分析力と客観性に優れた企画として評価されるはずだ。

企画書に求められているのは、「空想の話」ではない。あくまでも利益を上げることを前提とした「現実の話」であり、リアリティである。確かな前提を積み上げて、誰もが納得できる結論を予測する。そこに企画書の真髄があるのだ。

相手の興味を一瞬で惹きつける企画書の「つかみ」

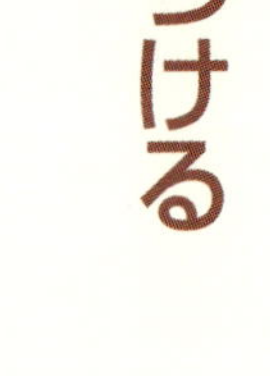

日々、企画作りに明け暮れている人にとっては厳しいことを言うようだが、企画書には0点か100点の、どちらか一方しか存在しない。

自分では気合を入れて素晴らしい企画書を作ったと思っていても、相手が「いいね」と思ってくれなければ、それは0点でしかない。満点を導き出すためには、まず企画内容に興味を持ってもらうこと。これが企画書作りのキモだ。

では、どうしたら相手を惹きつけることができるのか。相手に興味を持たせる方法として有効なのが、**インパクトのある切り出し方で迫る**という方法だ。

たとえば、「トイレットペーパーはどうして白くなければいけないのですか?」と1行目に書かれていたら、「おや? これから何が始まるのだ?」と感じるのではないだろうか。

誰もが当然と考えている一般論を覆《くつがえ》したり、不都合だけどそういうものだと諦めていたりする点を突いたりすると、「そういえば、そうだよな」と同意や共感を呼び、相手の視線

企画書の「つかみ」は相手を想定して書く

をこちら（企画書）に向けさせることができるのである。

そのためには**疑問形の書き出しが便利**である。「〜と思っていませんか？」といった形で疑問を投げかけるのだ。そして相手の興味を十分に引きつけてから、「じつは××なのです」といった形で、自分の意見やアイディアを見せるのである。

こうすると、相手の好奇心をかき立ててから、それに答える形で持論を展開することになり、いきなり内容を説明し始めるよりもより話を聞いてもらいやすくなるし、インパクトも大きい。その後の説明も理解してもらいやすくなるはずだ。

結びの言葉に企画への意気込みは表れる

書き出しにインパクトがある文章があると読む人の心をグッと惹きつけるものだが、同様に**「終わり方」も企画書では重要である。**

せっかくインパクトのある書き出しでも、終わり方が尻切れトンボだったり平凡な結び方だったりすれば、文章が全体的に締まらない印象になる。結果として、伝えたい内容が相手に響かないし残らないのだ。

たとえば、「というわけで、この企画を進めたいと思うが、どうだろうか」という結び方の場合。「～だろうか」で終わるのは相手の意向を伺う結び方だが、どんなにいい企画でもこの終わり方では企画の良さは伝わらない。結論を相手に委ねてしまっているため、どこか自信がないような印象を与えてしまうからだ。

企画に自信があるのなら、「というわけで、この企画をぜひとも進めたい」と断言して終わればいい。そのほうが相手にも意欲が伝わるし、企画自体も魅力的に映る。もっと印象的

●文字にするときも、言葉にするときでも〝言い切る〟ことで意気込みが表れる

な決めゼリフを思いつけば、それで最後をまとめてもいいだろう。

ポイントは、文章の内容をきちんと踏まえた言葉を選ぶことだ。いくら格好のいいセリフを思いついても、内容とまったく関係のない突飛な言葉で締めたら、相手も「結局、何が言いたいのだろう」と困惑してしまう。

朝日新聞の『天声人語』など新聞のコラムは、内容と関連のある印象的な締め言葉で最後をビシッとまとめているから読む人の心をうつのである。相手の心に響くような最高の締め言葉で文章をくくることができれば、企画書全体の魅力が格段に増すはずだ。

企画の説得力がアップする「スケッチ力」の身につけ方

企画書は簡潔にまとめられているほうがいいとは繰り返し述べていることだが、話術に自信のない人にとっては簡潔な文章だけでは心もとないことだろう。そこでそんな人は、企画書を作るときに読み手が具体的なイメージをできるような工夫をしたい。

その工夫とは、スケッチを利用することだ。

たとえば文房具の新商品を考案する企画会議で、新しい機能を持ったクリップを提案することになったとしよう。ただ、従来のクリップと新しいクリップのちょっとした違いを短い文章で伝えるのは難しい。そこで、**スケッチを使ってひと目でわかるようにする**のだ。

なにも美術の授業ではないのだから、いちいち細部にいたるまで詳細に描く必要はない。〝違い〟のポイントが相手に伝わる程度のレベルで十分。絵があれば、言葉で伝えるよりは、より手っ取り早く相手に理解してもらえるはずだ。

しかし、「絵はあまりうまくないから」と敬遠する人もいるだろう。そんな人におすすめし

絵があると違いは一目瞭然になる！

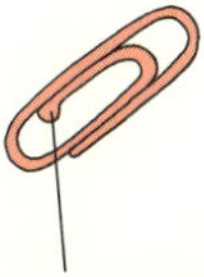
ワイヤーの先端を丸くし、紙のひっかかりを解消しました。

今回、商品化を進めたいクリップは、従来の改良型で、その特長は紙をはさむときのスムーズさにあります。ワイヤーの先が丸まっているため、紙のひっかかりがなく、どちらからでも留めやすくなっています。

たいのが、スケッチをする習慣をつけることだ。机の上にあるペンやマグカップ、携帯電話など身近で描きやすいものを毎日ひとつずつスケッチしていくのだ。

　真正面からばかり描くのではなく斜めから描いたり、上から眺めたりと、視線に角度をつけて表現したりするのもいいだろう。奥行さや立体感をつけると、意外なほどうまく見えたりもする。

　絵心は人それぞれだが、毎日続ければ必ず上達するし、仕事への集中力がなくなったときなどにサラサラと描いてみると気分転換にもなる。味のあるスケッチをプラスして企画書のレベルをアップさせてみよう。

企画書をすっきり見せる色と図形のテクニックとは

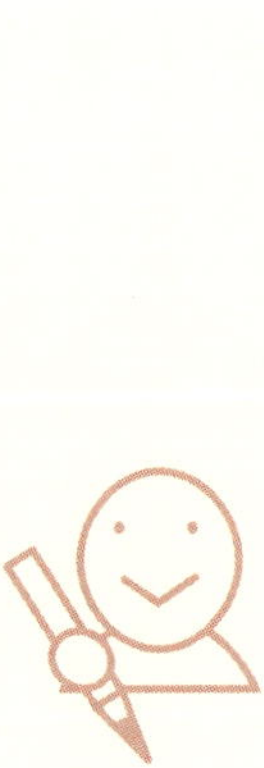

文字ばかりがぎっしり並んだ企画書は、誰が見ても無味乾燥な感じがするし、途中で飽きてしまい、つい飛ばし読みをしてしまうことになる。そこで活用したいのが色や図形だ。**長い文章の中に色文字を使ったり、図形を用いたり、さらにはその図形を色分けしたりして紙面に変化をつける**。こうするだけで、読み手は飽きずに最後まで読むことができるようになる。視覚的に変化があってわかりやすいと内容がすんなり頭に入るので、大勢の人にその企画書の内容を理解してもらいやすくなるのだ。

それだけではない。**自分自身の理解度をアップさせるためにも色や図形を多用する**ことは有効である。企画の内容を十分に理解していなければ、色や図形を駆使した企画書作りはできない。逆に言えば、その企画の全貌をきちんと把握しているからこそ、色や図形を多用できるのである。その企画について口頭で説明することになってもあわてずにすむし、持てる長所を十分にアピールすることができるのだ。

文字と数字を6：4くらいにするとすっきり見える！

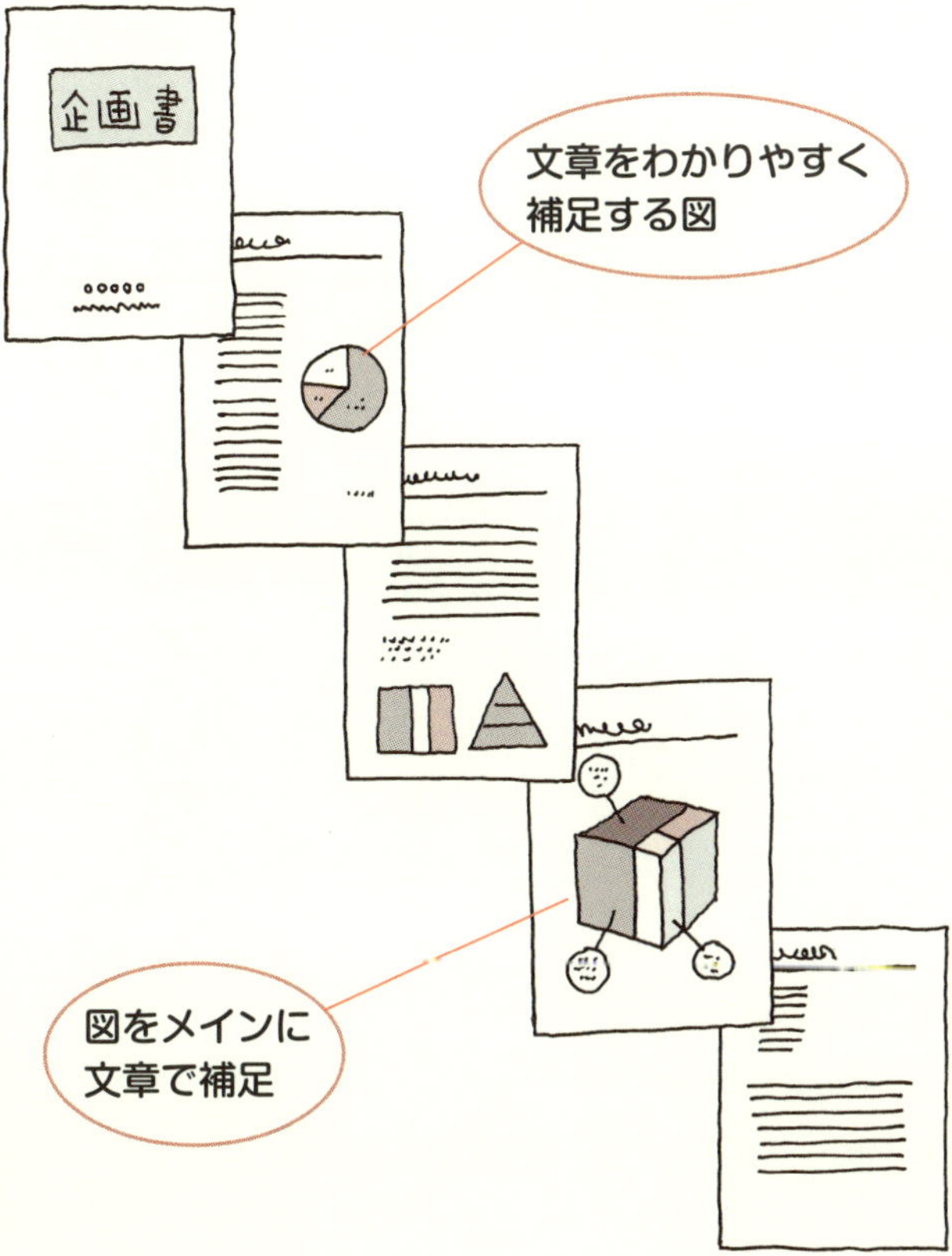
企画書
文章をわかりやすく
補足する図
図をメインに
文章で補足

通る企画書の見本はマニュアル本には載っていない

長引く不況のせいか、最近の書店をのぞくとビジネス書が所せましと並べてある。そのうちの何割かを占めるのがマニュアル本だ。

「時間管理術」や「マネジメントテクニック」「情報整理術」「社会人マナー」など、とかく日本人はこうした「マニュアル本」が好きである。その中には「企画書の書き方」といった書籍もかなりの数が並んでいる。

マニュアル本の優れたノウハウに学ぶメリットは少なくないし、読めば書き方の参考にもなるだろう。しかし、**企画書を提出する相手や状況などが違えば、マニュアル本どおりにはいかない**ものだ。それよりも**お手本になる企画書の書き方は、もっと身近にある。ほかでもない先輩の企画書**だ。

先輩たちはこれまで自分の書いた企画書によって上司や得意先などを説得してきたわけだから、当然、彼らの企画書の構成や内容は相手が受け入れやすい書き方であり、相手の求

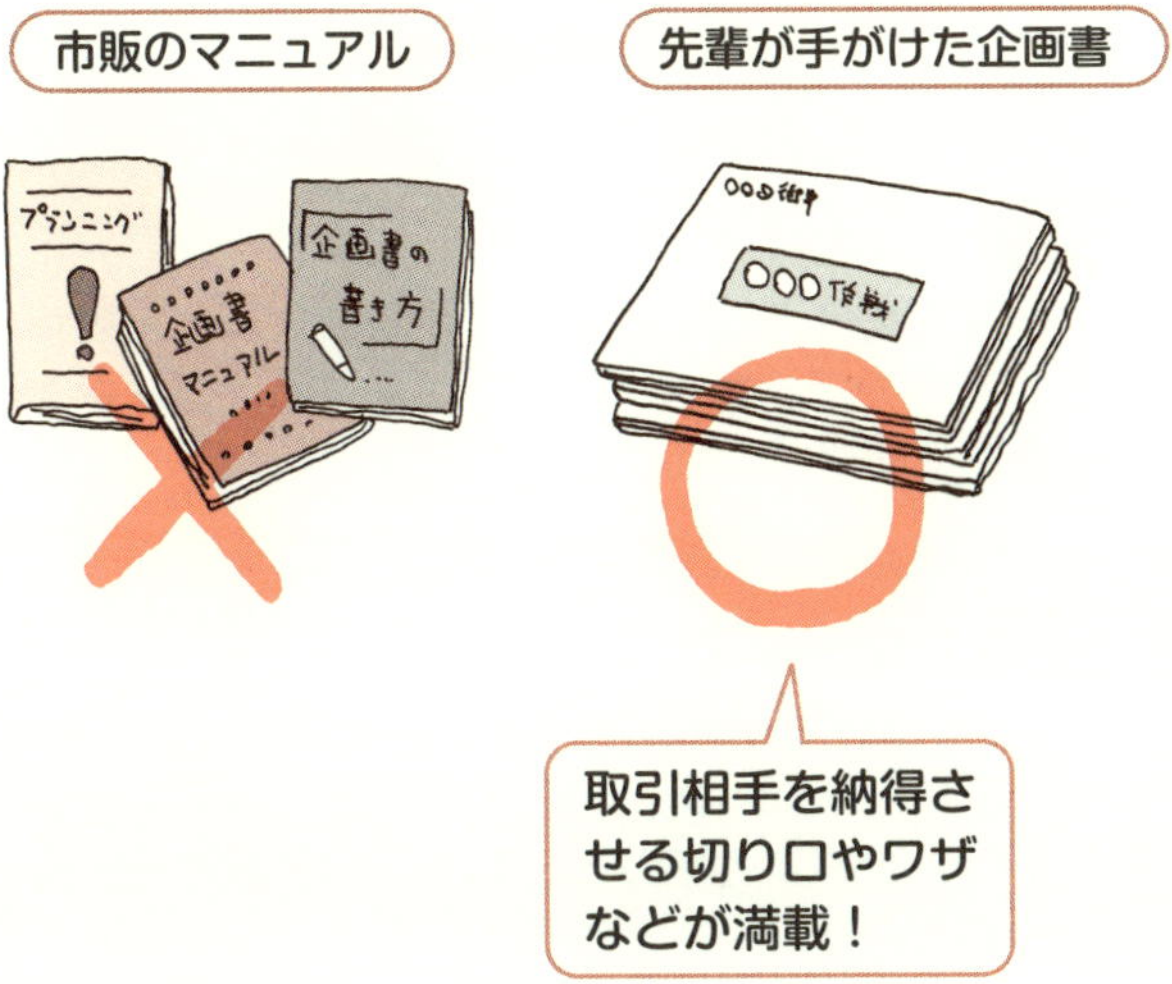
市販のマニュアル
先輩が手がけた企画書
プランニング
企画書
マニュアル
企画書の
書き方
○○○作戦
取引相手を納得させる切り口やワザなどが満載！

める形になっているはずだ。つまり、今の自分の立場に適していて、最も役立つ“企画書のお手本”なのである。

ただ、そのまま真似てしまっては、オリジナリティーに欠けてしまう。先輩の企画書はあくまでもひな形である。文章を真似るのではなく、構成や文章のテイストやトーン、ロジックの展開のしかたなどを吸収することが大事なのだ。そのうえで自分なりの工夫をして、自分らしさを出せるようにすればいいわけだ。

企画書とはいえ、いきなり独創性を発揮することなど不可能だ。まずは先輩の企画書から基本を学んでいくべきなのである。

企画力ドリル

質問①

優れた企画書ほど「5W2H」がわかりやすく書かれているものだ。さて、この5W2Hとは何を指すのかすべて答えられるだろうか。

質問②

新商品の企画を任されて、社内で重役向けのプレゼンを行うことになった。企画書を見せながらの説明になるが、企画書の結び方としてより意欲を伝えられるのはどれ？

A「そこで、ブランドカラーはグリーンとしたいのですがいかがでしょうか」
B「そこで、ブランドカラーは是非ともグリーンとしたいと思います」

質問①の答え
「WHY（なぜ？）」「WHAT（何を？）」「WHERE（どこで？）」「WHEN（いつ？）」「WHO（誰が？）」「HOW（どうやって？）」「HOW MUCH（いくらで？）」。

質問②の答え…B
結論を相手に委ねず、最後まで自信を持って自分の意見を提案したい。

STEP 5

「文章力」

「伝わる」「読ませる」いい文章の黄金法則

「自分は文才がなくて……」というセリフはもう必要ない。「相手に伝わる・読ませる文章」や「相手を惹きつける文章」の書き方には、ある〝黄金法則〟が存在するのだ。

わかりやすい文章は「起承転結」より「起結承転」

「起承転結で書きましょう」と、小学校の作文で習ったとおりに文章を書いてはいないだろうか。じつは、文章構成の基本である起承転結は、どんな文章にも必ずしも効果的であるとはいえないのである。

童話や昔話などの場合は、起承転結はたしかに有効ではある。「起」で物語の導入を示し、「承」で物語が先に進み、「転」で物語のヤマ場である大きな転機が訪れ、「結」で最終的にどうなったかという締めやオチがくれば、物語はおおいに盛り上がって面白くなる。

だが、ビジネスの現場で起承転結を使うと逆効果になることが少なくない。なぜなら、ビジネスで最も重要視される結論が最後にくることになるからだ。いったい何を訴えたい文章なのかが最後までわからないのでは、読み手もイライラするし仕事の効率も悪くなる。

そこで**起承転結ではなく「起結承転」を活用したい**。たとえば、残業時間の削減について書く場合、まず「起」で「社員の平均残業時間が○○時間である」とか、「仕事の効率を

起結承転で書かれた文章は理解しやすい

起 → **結** → **承** → **転**

起：問題を提起する

結：その問題の解決策を提案する

承：なぜこの解決策なのか、その理由を明らかにする

転：派生する問題点をどうクリアするかを提案する

妨げているものは何か」などの問題提起をし、そのあとにすぐ「残業時間削減のために、無駄な会議をやめる」といった「結論」を書いてしまう。

その次に「承」にあたる部分で「有名無実化した定例会議が多すぎて仕事の妨げになっている」などの理由を述べ、最後に「転」として「定例会議をやめることで生じる問題点」などの課題点を指摘すると、この文章で最も訴えたいポイントは何かが早めにわかり、全体の内容もすんなりと理解しやすくなる。

仕事をするときは、状況や内容に応じて「起結承転」のテクニックを柔軟に取り入れてみてほしい。

「主語と述語」「修飾語と被修飾語」は近いほど読みやすい

「私は、姉がプレゼントには何が欲しいかと聞いたので、子供用の優しい素材で作られた服が欲しいと答えた」

この文章を読んでどう思われるだろう。わかりづらいと感じるのではないだろうか。

この例文がなぜわかりづらいのかといえば、「主語と述語」「修飾語と修飾される言葉」が離れすぎているためである。まず、主語の「私は」と述語の「答えた」の間に長い文章が入っている。そのうえ、間の文章中にも「姉が」という主語や「聞いた」という述語が含まれていて、文章の構造をより複雑にしてしまっているのだ。

「私は」と「答えた」、「姉が」と「聞いた」の位置を近くし、「プレゼントには何が欲しいかと姉が聞いた。子供用の優しい素材で作られた服が欲しい、と私は答えた」と改めれば、文章は断然すっきりとする。

また、「子供用の優しい素材で作られた服」というのも紛らわしい表現である。「子供用の」

「主語」と「述語」が遠すぎる

「私は、姉がプレゼントには何が欲しいかと聞いたので、子供用の優しい素材で作られた服が欲しいと答えた」

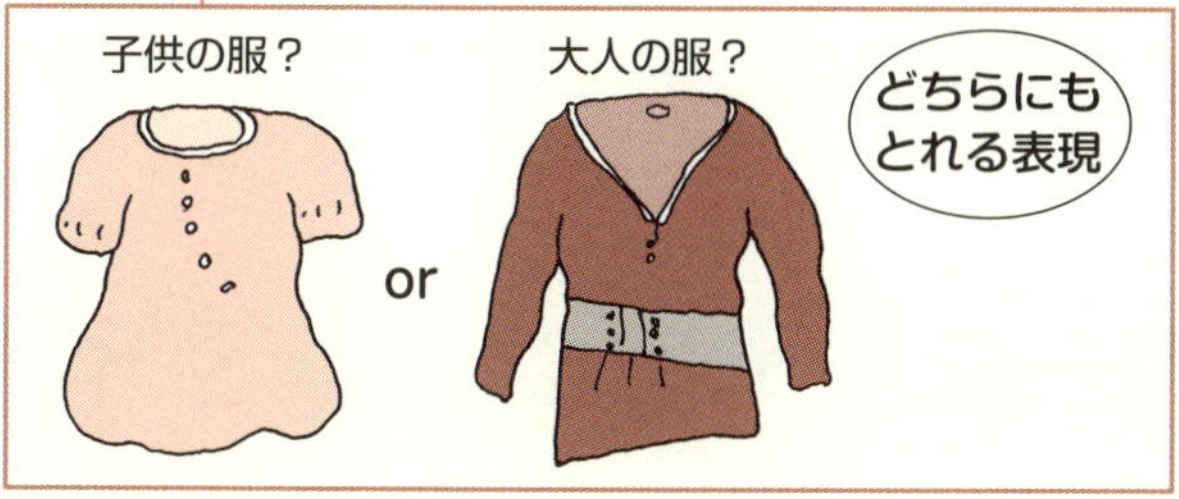

子供の服？
or
大人の服？
どちらにもとれる表現

という修飾語が「素材」にかかるのか、「服」にかかるのか判然としないからだ。

もし「素材」にかかるなら「子供用の優しい素材によって作られた服」としたほうがわかりやすいが、これだと子供用の素材で作られた大人の服というふうにも受け取れる。一方、「服」にかかるなら「子供用の」と「服」の距離を縮めて、「優しい素材で作られた子供用の服」とすることだ。こうすれば、欲しいのは子供服なのだとはっきりわかる。

何気なく多用してしまう修飾語だが、位置によっては意味まで大きく違ってくる。誤解を招いてトラブルにつながることもあるから要注意である。

文章を読みにくくさせている「2つの表現」

文章を書くときに「出席できません」という否定文や、「……と考えられます」といった受身の表現を当たり前のように使っている人は多い。しかし、**わかりやすい文章を書くためには、できるだけ否定文や受身の表現は避けたほうがいい**のである。

日本語は文末まで読み進まないと、肯定文なのか否定文なのかが判別できない。たとえば、「出席できません」と否定形で書くと、そそっかしい人は「出席」の2文字だけをパッと見て出席だと思い込んでしまうかもしれない。この場合は「欠席します」として、同じ意味の肯定文に置き換えれば相手もすんなり理解でき誤解も生じにくい。

どうしても肯定文に置き換えられないときには「残念ながら」など、あとに否定形が続くことを連想させる言葉を文頭に置いて相手に否定の意味であることを知らせよう。

さらに誤解を与えやすい表現が、「できないこともない」といった二重否定である。これも「できる」と肯定文にするだけで、シンプルでわかりやすい文章になる。

文章化したときに勘ちがいされやすい表現

×		○
「出席できません」	→	「欠席します」
「実施されません」	→	「中止になります」
「喫煙できません」	→	「禁煙です」

など

また受身の表現も、むやみに使うと相手にとってはわかりにくい文章になる。動作の主体が曖昧になるからだ。

たとえば、「世界的な不況下で買い控えされると考えられます」という文章は、「世界的な不況下で買い控えが起こると考えます」と書いたほうが流れもよくて読みやすい。表現がストレートで、主語が「私」であることが文脈からもわかる。

自分の意見に自信がないときはつい受身を使って表現を曖昧にしがちだが、これでは相手に自分の主張は伝わらない。少し意識して否定文や受身の表現をなくすようにすれば、ぐっとわかりやすく説得力のある文章に生まれ変わるはずだ。

あれ、やる、話す…そのあいまいな表現がトラブルを招く

日本語とは便利なもので、曖昧な言葉遣いでも相手に通じることが多い。親しい間柄ともなれば、「あれ、やっておいて」と言うだけで内容が伝わることもある。

しかし、文章を書くときには「あれ」や「やる」などの広い意味を持つ言葉を使うのはトラブルの元だ。文章は書いた本人が目の前にいない状態で読むことが多いため、あれが何を指し、いったい何をやるべきなのか、相手が正しく推測できないと行き違いが生じてしまう。とくにビジネスの場合は、相手が親しい間柄とは限らない。できるだけ具体的な言葉を選んで文章を書くほうが、相手にも内容は伝わりやすく、仕事もスムーズに進む。

そこでまず注意したいのは、**「あれ」や「それ」などの指示語をむやみに使わない**ことだ。

たとえば、「ずさんな経営管理が原因でA社は倒産の危機に瀕し、人員の削減を始めた。あれでは更なる業績の悪化を招いてもしかたがない」という文章があったとしよう。

「あれ」が指すのは「ずさんな経営管理」なのか、それとも「人員の削減」なのか。「ずさ

さまざまな意味にとれる言葉は具体的に表現する

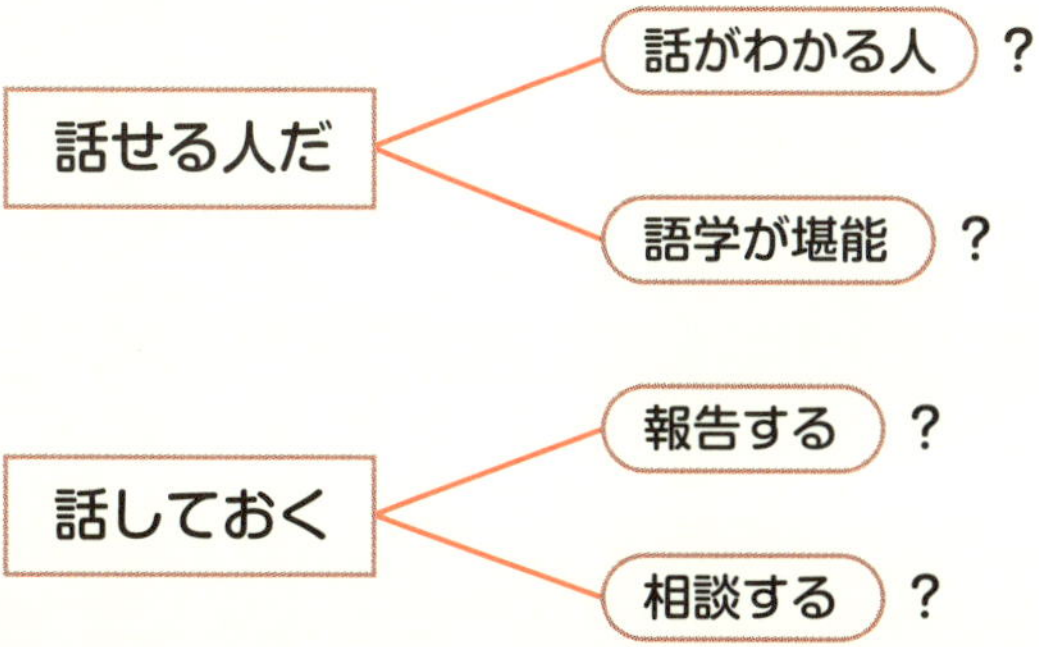
話せる人だ
話がわかる人 ？
語学が堪能 ？
話しておく
報告する ？
相談する ？

んな経営管理によって、更なる業績の悪化を招いてもしかたない」と、具体的な言葉に置き換えたほうがわかりやすい。

同様に、「話す」のような多義的な意味を持つ**動詞も、より具体的な言葉に置き換えてみよう**。「彼は話せる人だ」では、外国語を話せる人とも、話がわかる人とも受け取れる。「上司に話しておきます」と書いても、「報告」するのか「相談」するのかが相手には伝わらない。

相手が前後の文脈から判断してくれるだろうと過信していると、大きなトラブルにつながる可能性も出てくる。広い意味を持つ言葉はできるだけ使わず、具体的な言葉に置き換えることが大切である。

時間をおいて見直すだけで納得がいく文章が書ける

日記など自分しか読まないような文章は別にして、たいていの文章は人に読んでもらうことを前提にして書く。字が間違っていたり下手な文章だったりすれば、それはそれで恥ずかしいものだが、できれば納得がいく文章を書き上げて相手に読んでもらいたい。では、どうすればいいのか。

答えは、**納得がいくまで読み返して推敲する**こと。残念だが、それよりほかに近道はない。高名な小説家でも「一気に書きあげて、はい終わり」という人はまずいない。何度も手直しをして、読者を物語に引き込むような素晴らしい文章を書き上げているのである。

自分の書いた文章を読み返してみると、誤字脱字はもちろんのこと、最初に書いたときには気づかなかった無駄な文言があることに気がつく。

反対に、説明が足りない部分も見えてくる。それを繰り返しチェックして、削ったりつけ足したりしていくことで納得のいく文章にするのだ。

場合によっては、声に出して読み上げてみることも効果的だ。声に出すことで文章の流れやリズムの悪い箇所、おかしな日本語の使い方に気がつくからである。

また、パソコンで入力しながら書いた場合は、少なくとも一度はプリントアウトして紙面で文章を確認してみよう。不思議なことに、同じ文章でも印刷されたものは画面上で見るよりも間違いに気づきやすいのである。

最後に最も大切なのが、**最終チェックをするのはできるだけ時間を空けてからにする**ということだ。プレゼンの前日に遅くまで残業して書き上げた企画書を当日になって見直したら、まったく気づかなかった誤字脱字はあるし、文章も熱弁を奮いすぎて回りくどくてどうにも使いものにならない。ギリギリになってから慌てて書き直したという経験がある人もいるのではないだろうか。

熱中して書いた文章ほど、書いた直後には悪い箇所が見えないものだ。ひと晩おいてみたり、時間がない人はコーヒーを飲んでひと息ついたり、ちょっと外の空気を吸いに行くだけでもいい。〝間〟をおいてみることで興奮していた頭が冷静になり、客観的に文章を読み返すことができるようになる。

とくに、大切な文章を書くときには、余裕をもって推敲する時間を確保しておきたい。

長い文章もすらすら書ける「コンテ・メモ」とは

長い文章を書くのが苦手な人は、文章の構成を考えることが苦手な場合が多い。もともと構成がしっかりしていないのだから、書いているうちに話が本論から反れてしまったり、途中で何が言いたいのか自分でもわからなくなってしまうのである。

そこで活用したいのが、「コンテ」の概念だ。

コンテとは、映画やアニメ、CMといった映像作品を作るときに使われるもので、実際に作品を作り始める前に、台本などを元にして作成される。この段階で絵や文字を使って1コマのカットの長さや構図、被写体やカメラの動き、セリフなどを細かく指定してから実際の撮影に入るのである。

つまり、事前にコンテを作っておくことで、カットとカットがどうつながっていくのか、話がどう展開するのかが明確になるのだ。

これと同じように、**長い文章を書き始める前にも、コンテのような全体の枠組みを先に**

作っておくといい。コンテというと難しそうだが、メモに書きたい内容をただ箇条書にして順に書き出すだけだ。必要ならその箇条書に詳細を追記しておけばいい。

「冒頭部分で、この問題を提起しよう」とか「中盤にさしかかったら、この実例をあげて具体的に説明しよう」など、頭の中にある構想をあらかじめざっと書き込んでおく。

そのメモを見ながら文章を書き進めていけば、話が大幅にずれることもないし、むやみにダラダラと長くなることもない。メモを作るのにひと手間かけることにはなるが、書き始めてしまえばスラスラと楽に筆が運ぶはずだ。

その結果、何も用意しないで書くよりずっと早く、内容が充実したしっかりとした文章が書けるようになる。

コンテを用意しないで長い文章を書くのは、地図のない長旅をするようなものだ。目的地まであとどのくらいかを把握できないと、歩く気力もなくなってくる。だが、地図を見て現在自分がどの辺りにいて、どういう状態かをつかめれば、目的地までの道のりは楽に見えてくる。

長い文章を書くときも、コンテという水先案内があれば途中で道に迷ったりすることなく、無事に目的地に辿り着けるだろう。

思わず読む気にさせる社内文書の「ひと言」

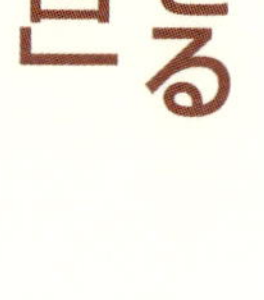

「お知らせ」や「アンケート」など、社内を回覧させる文書やメールを作成するときに閲覧率をグッとアップさせるいい方法がある。文書の最初のほうに、「読むメリット」を感じさせる〝ひと言〟を付け加えておくのである。

仕事が忙しく、目を通さなくてはならない書類やメールが山積みになっている社員にとって、社内で閲覧するお知らせやアンケートなどはよほどの重要事項でない限り、読むのを後回しにしてしまうものだ。場合によっては、読まずに次に回されてしまうこともある。

しかし、**文頭に「読むと何らかのメリットがある」と感じさせるひと言が書き加えられていたら、思わず読み始めてしまう**のではないだろうか。

たとえば、「社内アンケートのお願い」として社員から経営に対する意見を募集するとしよう。ただ単に意見を寄せてほしいと協力を求めるだけでは、社員によっては「どうせ自分の意見が反映されるわけがない」と思って、チラッと見ただけでそれを机の隅にでも追いや

「お願い」にはメリットを感じさせるひと言を！

あなたの意見で会社をもっとより良く！
社内アンケートのお願い

わが社の飛躍に貢献しよう！
○周年パーティ実行委員募集のご案内

あなたのアイディアが会社を動かす！
新規企画募集のお知らせ

ってしまうかもしれない。

ところが、「社内アンケートのお願い」というタイトルの上に「あなたの意見で経営を改善し、給与アップを実現しましょう！」などと書かれていたら、俄然協力する気持にもなる。

給料が上がるとまではいかなくても、「この文書を読めば、会社や部署から何らかのリアクションや見返りがある」と社員に思わせるような具体的なメリットを掲げることが大切だ。

中味にメリットを感じさせることができれば、少なくとも内容に目を通さないままゴミ箱に捨てられてしまうなんてことはなくなるはずである。

文章力ドリル

質問①

普段の会話でよく使われる言い回しには、間違った意味で使われているものも少なくない。では、次の２つの文章で使い方が間違っているのは？

A 気のおけない仲間とリラックスした時間を過ごす
B 気のおけない人ばかりでリラックスできない

質問②

同じく、次の２つの文章で使い方が間違っているのは？

A 休憩する間も惜しまず資料を仕上げた
B 休憩する間も惜しんで資料を仕上げた

質問①の答え…B
「気のおけない」とは、気をつかう必要がないという意味。

質問②の答え…A
「惜しまず」では「休憩する時間を惜しんでいない」ということになり、文章としてねじれてしまう。

STEP 6

「手紙・メール力」

人間関係がうまく回りだす魔法のルール

手紙やメールの文面ひとつで、相手から好感を持たれたり、逆によくない印象を与えてしまうことがある。身近なツールだからこそ、書き方のポイントは確実に押さえておきたい。

どうしても伝えたい情報を相手の心に刷り込む「繰り返し技」

どうしても「これだけはしっかりと伝えておきたい」というときは、文章中にそのことを2度書いたほうが相手に印象が強く残って効果的だ。とはいえ、同じ言葉を繰り返し使うと「くどい文章」になってしまう。そこで**「表現を変えて2度書く」というテクニックをマスターしたい**。

たとえば、打ち合わせの日程を相手に間違えてほしくない場合、まず文章の最初のほうで「次の打ち合わせは6月15日の10時でお願いします」と書く。続いて別件を記すなどしたら、再び最後に「では、来週水曜日の10時にお待ちしております」と表現を変えて訴えるのである。

くどくしないためのコツは、文章の最初と最後など位置をできるだけ離して書くことだ。近い位置にあると、表現を変えてもどうしてもしつこい感じを受ける。短い文章の場合は位置の近さを感じさせないよう必ず表現をガラリと変えて書くようにしよう。

２度繰り返すときは表現を変えるとくどくない

●日時は○月○日×時です。
→ では、○月○日×時にお待ちしております。

●私はこう考えます。
→ 先に述べた意見をご考慮いただけましたら幸いです。

●○○氏より～というご意見をいただきました。
→ 上記のご意見を反映した解決策をお願いします。

など

また、報告書や企画書などで長い文章になる場合は、最初と中間、そして最後と3度書いてもいい。

とくに結論を強く訴えたいときは、最初と最後に結論を2度書くべきである。最初に「私の意見はこうです」と結論を示しておくと、相手はそれをふまえて文章の続きを読む。先に結論を知っていると、何を訴えたい文章なのかを踏まえて読めるので、内容を把握しやすいのだ。

そのうえで、再び最後に、「最初に述べたとおり、私はこう考えます」と念を押すと、相手に自分の言いたいことが明確に伝わる。伝えたい内容を自然と相手に刷り込むことができるのだ。

否定的な態度の相手に効く「YES・BUT方式」

相手を説得する文章を書くときは、ある程度、相手の考え方を予測してから文章を書き始めるといい。相手が自分の意見に好意的なのか否定的なのか、相手の考え方に合わせて文章のトーンを変えると説得しやすくなるからだ。

たとえば、相手が自分の意見を前向きに受け止めていると予測したら、ストレートに説得に当たる文章を書く。「こういうわけで、こういうメリットがあるから、こうしたい」とズバリ本音をぶつけてみるのである。「私はこう考える」と自分の意見をはっきりと断言し、自信に満ちた文章を書けば、相手も納得してさらに前向きな気持ちになるはずだ。

一方、相手が否定的な態度を見せているときには、真正面からストレートに説得に当たるのは避けたほうがいい。どうしても押しつけがましい印象を与えて、場合によっては警戒心や嫌悪感を持たれることになる。そうなっては、元も子もない。

否定的な態度の相手には、まずは相手の考え方も一理あると受け止める「YES」の姿

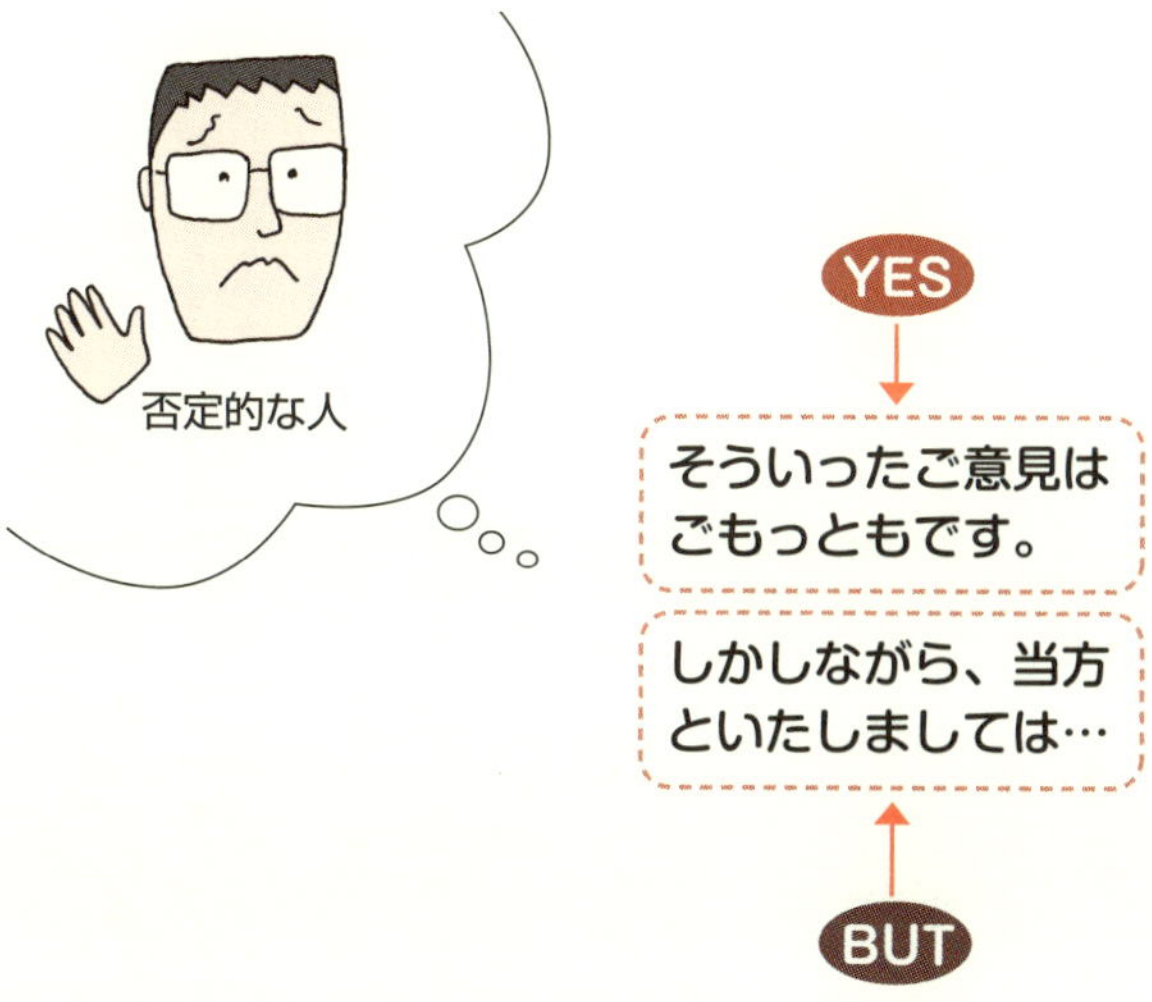
否定的な人
YES
そういったご意見はごもっともです。
しかしながら、当方といたしましては…
BUT

勢をみせることだ。そのうえで「こちらにもこういうメリットがあります。一度、検討していただけないでしょうか」と、**「BUT」で相手に発想の転換を促す**のである。文体も「です・ます」調を使って丁寧に訴えれば、相手も嫌悪感を抱かずに読み進めてくれるはずだ。このように真摯に説得を試みれば、否定的な考えを和らげて、話に応じる姿勢を見せてくれるかもしれない。

文章の書き方には人それぞれ書きやすいトーンや文体がある。相手の状況によって柔軟にトーンを変えてみると、よりスムーズにコミュニケーションを図れるようになるのだ。

メールでは「黒か白か」はっきりさせることが重要

「メールでのやりとりは、何度も返信をしなくてはならないから時間も手間もかかって面倒だ」なんて思っている人は、一度自分のメールを見直してほしい。何度もやりとりするハメに陥っているのは、そもそもメールの書き方に問題があるからかもしれないのだ。

たとえば、「Aプランで仕事を進めていいですか?」というメールがきたとする。それに対して「Aプランでもいいですが、Bプランも捨てがたいです。いかがでしょうか?」などと、相手の質問に対して質問で返すような返信をしていないだろうか。

このような返信メールをするとさらに相手からの返答を待たなくてはならず、その文章にまた質問が含まれていればこちらもまた返答する必要が生じる。これでは堂々巡りになってしまい、ひとつのことを決めるのによけいな時間や手間がかかってしまう。

この問題を改善するには、**「相手の質問には質問で返さず、YESかNOで返事をする」**ことだ。

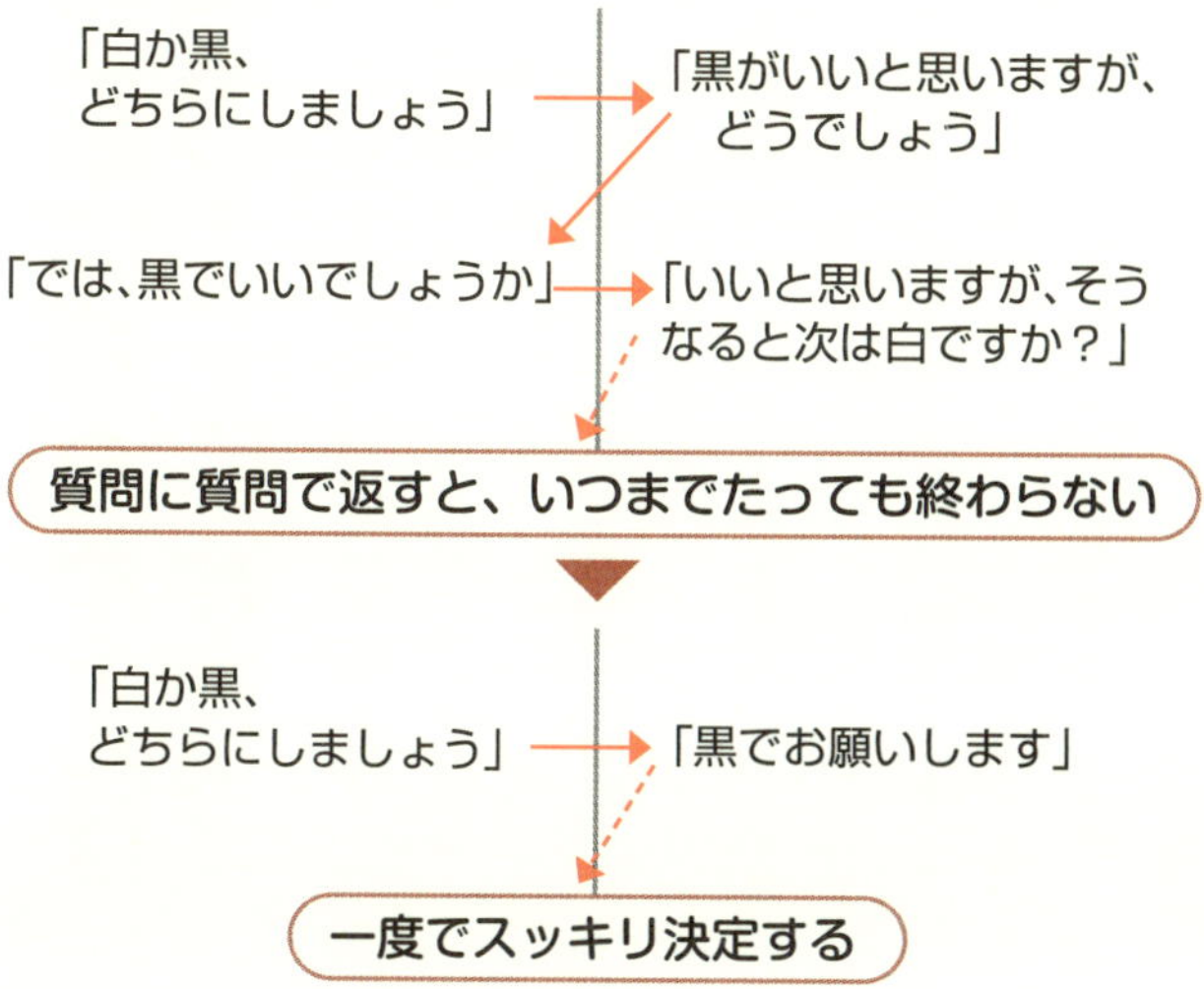
「白か黒、
どちらにしましょう」
「黒がいいと思いますが、
どうでしょう」
「では、黒でいいでしょうか」
「いいと思いますが、そう
なると次は白ですか?」
質問に質問で返すと、いつまでたっても終わらない
「白か黒、
どちらにしましょう」
「黒でお願いします」
一度でスッキリ決定する

まず返信を書く前にしっかりと相手のメールに目を通し、相手の質問の意図を考えてみてから返信を書くようにするのである。

冒頭の例でみると、相手はおそらくAプランで仕事を進めたいのだと推測できるから、「いかがでしょうか?」という質問は必要ない。「AでOKです」とYESの返事をするか、「Aではなく、Bでお願いします」とNOの返事をするかでいいのである。

このようにすれば、やりとりは1、2度で済み、誤解が生じにくくなる。メールの内容を簡潔にするだけで、仕事の効率は格段に上がるのである。

印象に残るメールは「タイトル」が違う

メールを送る場合、タイトルはできるだけ入れたほうがいい。なぜならタイトルは重要なアピールポイントになるからだ。

多くの人はメールを受け取った場合、まず発信者とタイトルを見る。このふたつの情報から、そのメールがどんな内容かを予測するのがふつうである。そこで**タイトルのつけ方に工夫して「これは重要なメールだ」と思わせることができれば、相手もそのつもりで読んでくれるから、レスポンスも格段に早くなる。**

タイトルは「○○の件」といった書き方もいいが、もし、もっと具体的に書けるのであれば、たとえば「明日の○○の待ち合わせ場所について」とか「○○のスケジュールのことで」など、なるべくピンポイントな情報をタイトルに書き込むといい。そのほうが、相手がしばらく時間をおいて見返す場合にも、タイトルを見ただけでメールの内容がわかるのでより親切である。

必ず読んでもらいたいメールは「タイトル」を工夫する

●急ぎの用件を送るとき

【至急！】○○の件、ご確認ください

●重要な用件を送るとき

■重要■ ○○イベント企画決定案

●必ず返信してもらいたいとき

○○の件について（※ご返答をお願いします）

また、急いで相手に伝えたいことがある場合には「緊急！」や「すぐにメールを見てください」というように、急を要する用事であることをタイトルでアピールしたい。

タイトルが平凡だとメールチェックをしても「今は忙しいから返信は後にしよう」と、その場で本文が開かれない場合もある。しかしタイトルに緊急性を示す言葉が含まれていれば、すぐに読まなければという気分にさせることができる。

メールのタイトルには、メールを送る側の工夫のしかたやセンスが表れるものだ。けっしておろそかに考えないで、うまいタイトルをつけてほしい。

好感度の高いメールは「締めのひと言」が違う

ビジネスメールで最も重要なことは、わかりやすく的確な文章を書くことだ。それにはできるだけ簡潔に「要点だけをまとめる」ことが大切である。

適切な文章の長さとして参考にしたいのが、**「一文を50字以上つなげない」**ことだ。なぜなら一文の長さを多くても50字程度に抑えると、読みやすくなるからだ。逆に50字以上になると、文が長すぎて意味がわかりづらくなってしまう。ちなみに、新聞なども50字以下でまとめられていることが多い。

もしも50字を超えるような文のときは要チェックだ。どこかで一度区切るか、不要な言葉がないかを見てほしい。短文にまとめる努力をするとムダな部分が省かれて、自然と内容も要点だけに絞られてくるはずだ。

また、メールの場合は、受信者が使っているパソコン画面の大きさに合わせて1行の文字数が決まってしまうから、改行をしない限りダラダラと横に文章が続いてしまう。これは視覚的にも読みにくいので、**「こまめに改行する」**などの工夫をするとさらに読みやすくなるだろう。

また、メールの内容が「報告」「連絡」「相談」、いわゆるホウレンソウのどれに当たるかという区別を念頭において書くと、相手にとってグンと理解しやすい文章になる。

要点だけでは味も素っ気もない文章になってしまい、相手に失礼ではないかと心配してしまう人もいるだろうが、ビジネスメールはむやみにへりくだる必要はない。大切なのは、あくまでも要件を簡潔に伝えることだ。礼儀にこだわってダラダラと長い文章になり、いちばん伝えたい点がぼやけてしまっては本末転倒だ。

もし、それでもビジネスライクすぎて心配だという場合は、**「自分らしいひと言」を付け加える**だけでも、一気に親しみの増すメールに変えることができる。

「このプロジェクトが終わったら、パッと打ち上げをしたいですね」とか「今回のイベントのアイディアは〇〇という映画をヒントにしたので、興味があれば観てください」など、「書き手の人間性」が垣間見えるような一文をさりげなく入れるのだ。

これなら簡潔で的確に内容を伝えることができるし、なおかつ自分らしいひと言で好感度もアップさせることができるはずである。

「メールで済む用事をあえて手紙で書く」と誠意が伝わる

昨今では、手紙やハガキはめったに出さないという人が増えている。誰かに連絡を取ろうとするときはもちろん、お礼でもなんでもメールで済ませる人が多い。確かにメールは手軽で、思いついたその場で送れるから便利ではある。

しかし、そんな時代だからこそ、あえて手紙やハガキを出すことに価値があるといえる。「ここぞ」というときには、あえてペンを握り、手紙やハガキを書いてほしい。

なんといっても**肉筆で書かれた文字には書いた人の気持ちがこもっている**。当然、受け取ったほうのうれしさも増すだろう。もらった相手に「メールでもよかったのに、わざわざ……」と思わせることができれば、好感度も上がるというものだ。

とくに御礼やお詫びなどの場合は、手紙やハガキを使いたい。また、お見舞いなどもやはり、心のこもった手書きの手紙やハガキを利用したいものだ。

もちろん、これはけっして意図的に誠意をアピールするものではない。メールの場合は

メッセージを伝えるときは媒体にもこだわる

御礼やおわびの
気持ちは手紙や
ハガキで伝える
連絡やお知らせ
はメールで

決まり文句で済ませることも多く、画一的で気持ちが伝わりにくい。同じ感謝の言葉や文面でも、パソコンや携帯電話の見慣れた画面で見るより、その人が書いた文字のほうがずっと気持ちが伝わってくるものだ。

手紙には、**切手を貼ってポストに投函して……という〝わざわざ感〟があり、それが相手の胸を打つ**のである。

「ここは自分の誠意をきちんと伝えたい」「ちゃんと謝りたい」「心から御礼を言いたい」と、そんな気持ちになったときは、あえて机に向かい、ペンを持ち、その気持ちに素直になって手を動かしてみてほしい。

読み手は「どんな筆記具で書いたか」も意外と見ている

手紙を書くときにこだわりたいもののひとつは、筆記具だ。書きやすいからといって、ふだん使っているボールペンを使うのは、相手に対して失礼である。なぜなら**ボールペンは元来「事務用」の筆記具なので、相手に対して事務的に書いたという印象を与えてしまう**からだ。同じ理由から、普段仕事で使っているようなサインペンも避けたいところだ。

できることなら、やはり**手紙には万年筆を使いたい**。万年筆を使って書かれた手紙はそれだけで格調が高くなるし、受け取ったほうも自分が尊重されていると感じてくれる。

また、**かしこまった手紙なら、筆、または筆ペンもいい**。毛筆の手紙は、やはりどんな時代にあっても日本人にとっては心を和ませてくれるものである。

けっして達筆でなくてもいい。机に向かって、襟を正し、心をこめて書いたのだということが伝われば、それで十分である。とくに年長者に出す手紙の場合は筆記具選びからこだわって、失礼のないようにしたいものである。

気持ちを伝えたい手紙は筆記用具にも気を遣おう

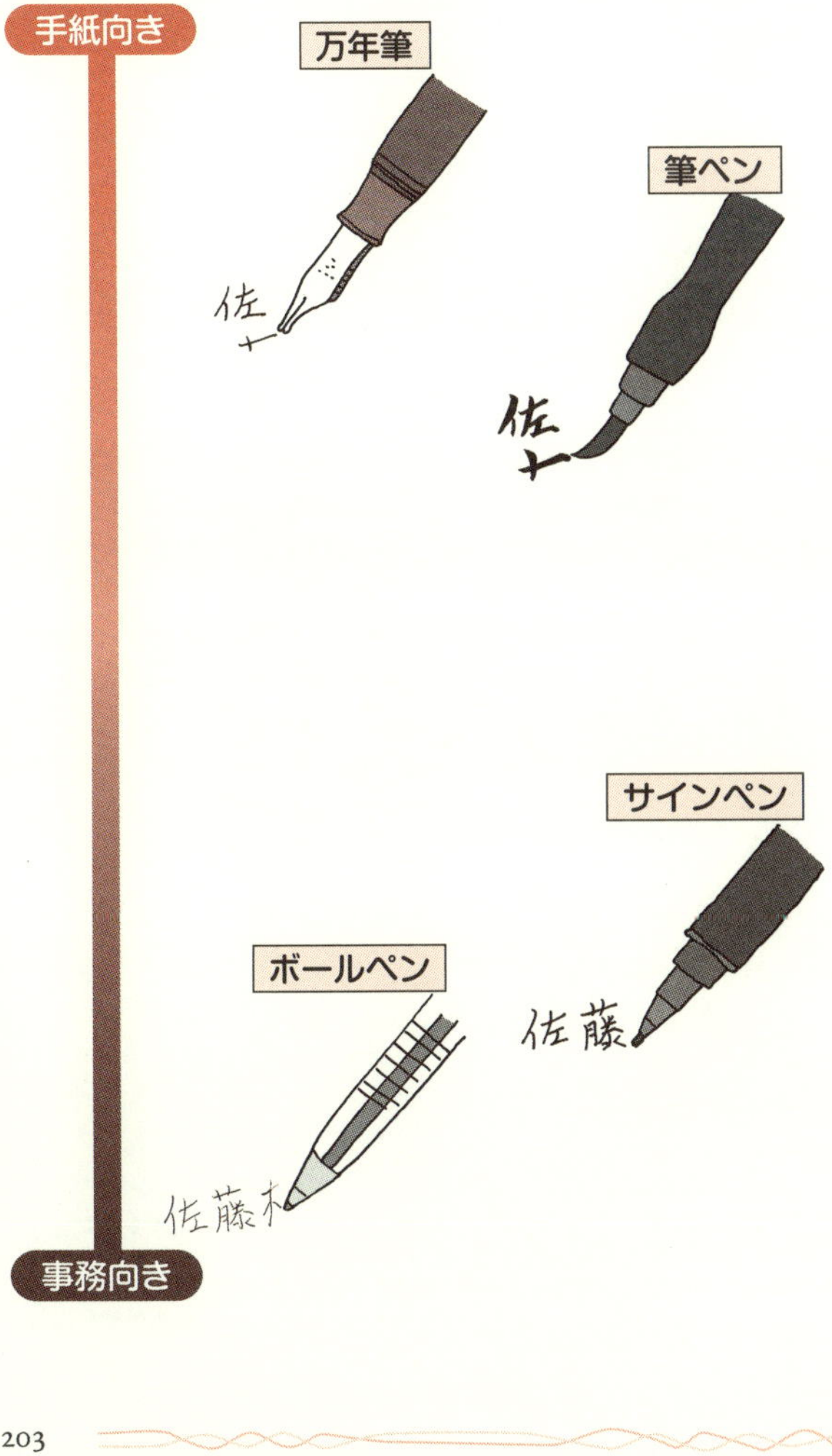
手紙向き
万年筆
筆ペン
サインペン
佐藤
ボールペン
事務向き

手紙・メール力ドリル

質問

上司に企画書をメールで送るとき、返事が欲しいことを伝えたいのだが、メールの結びの文として適当なのはどっち？

A

お送りした企画書ですが、
お時間のあるときで結構ですので、
お返事いただけると幸いです。
お忙しい中恐縮ではございますが、
よろしくお願いいたします。

B

お送りした企画書ですが、
お返事は来週の火曜朝までにいただけると幸いです。
お忙しい中恐縮ではございますが、
よろしくお願いいたします。

質問の答え…B
たとえ上司でも仕事に期限をもうけることが大事。そうしないと、逆に相手に対して「ずっと返事を待ち続けている」とプレッシャーを与えてしまうことにもなりかねない。

●本書の執筆にあたり左記の文献を参考にさせていただきました。

『一冊の手帳で夢は必ずかなう』（熊谷正寿／かんき出版）、『野村式　ムリしない仕事術』（野村郁夫／新星出版社）、『仕事で差がつくメモ術・ノート術』（本田尚也／ぱる出版）、『〈決定版〉プロの仕事術』（『THE21』編集部編／PHP研究所）、『仕事・勉強・人生のすべてが劇的に変わる！　奇跡のノート術』（長崎快宏／PHP研究所）、『システム手帳の極意』（舘神龍彦／技術評論社）、『カリスマ編集者の「読む技術」』（川辺秀美／洋泉社）、『原稿用紙10枚を書く力』（齋藤孝／大和書房）、『アタマが良くなる合格ノート術』（田村仁人／ディスカヴァー・トゥエンティワン）、『STUDY HACKS！』（小山龍介／東洋経済新報社）、『東大生が選んだ勉強法』（東大家庭教師友の会編著／PHP研究所）、『超右脳活用ノート』（七田眞／PHP研究所）、『頭がいい人の文章の書き方』（小泉十三と日本語倶楽部／河出書房新社）、『週刊　東洋経済　2008.6.21』（東洋経済新報社）、『松下幸之助　夢を育てる』（松下幸之助／日本経済新聞出版社）、『女性の品格』（坂東眞理子／PHP研究所）、『A6ノートで読書を超速化しなさい』（松宮義仁／徳間書店）、『即効マスターらくらく速読ナビ』（松田真澄／日本実業出版社）、『読書力』（斎藤孝／岩波書店）、『人生を変える大人の読書術』（牧野剛／メディアックス）、『いつも目標達成している人の勉強術』（福田稔／明日香出版社）、『ニッポン式お勉強』（村木俊昭／角川SSコミュニケーションズ）、『勉強術』（小山龍介／インフォレスト）、『超速勉強法』（黒川康正／PHP研究所）、『図解　勉強の技術！』（二木紘三／日本実業出版社）、『自分の考えを「5分でまとめ」「3分で伝える」技術』（和田秀樹／新講社）、『紙とネットのハイブリッド仕事術』（ビジネススキル向上委員会／ソフトバンククリエイティブ）、『プロの勉強術』（ブリッジワークス編／PHP研究所）、『汗をかかずにトップを奪え！』（三田紀房／大和書房）、『このノートで成績は必ず上がる！』（後藤武士／大和書房）、『脳スッキリ！パズルの本321』（芦ケ原伸之／ゴマブックス）、『百万人のクイズ狂―あなたの頭脳に波状攻撃！』（竹山茂／雄鶏社）、『仕事力を高める法則1000』（PHP研究所編／PHP研究所）、『THE21　2008.01　2008.08』（PHP研究所）、『DIME　2008.3.18』（小学館）、『Associé　2005.9.20　2006.06.06　2008.8.5　2008.9.2』（日経BP社）、『SPA！　2008.7.1』（扶桑社）、『速読勉強法』（松田真澄監修／日本実業出版社）、『ダカーポ　2004.12.1』（マガジンハウス）、ほか

〈ホームページ〉

フォトリーディング公式サイト、日経BPネット、ほか

青春新書
PLAYBOOKS

人生を自由自在に活動《プレイ》する

人生の活動源として

いま要求される新しい気運は、最も現実的な生々しい時代に吐息する大衆の活力と活動源である。

文明はすべてを合理化し、自主的精神はますます衰退に瀕し、自由は奪われようとしている今日、プレイブックスに課せられた役割と必要は広く新鮮な願いとなろう。

いわゆる知識人にもとめる書物は数多く窺うまでもない。

本刊行は、在来の観念類型を打破し、謂わば現代生活の機能に即する潤滑油として、逞しい生命を吹込もうとするものである。

われわれの現状は、埃りと騒音に紛れ、雑踏に苛まれ、あくせく追われる仕事に、日々の不安は健全な精神生活を妨げる圧迫感となり、まさに現実はストレス症状を呈している。

プレイブックスは、それらすべてのうっ積を吹きとばし、自由闊達な活動力を培養し、勇気と自信を生みだす最も楽しいシリーズたらんことを、われわれは鋭意貫かんとするものである。

―創始者のことば―　小澤和一

編者紹介

知的生活追跡班

〈ちてきせいかつついせきはん〉

忙しい現代人としては、必要な情報だけすぐ欲しい、タメになることだけ知りたい、と思うもの。けれど実際、世の中そう簡単にはいかない……。そんなニーズに応えるべく結成された知的集団。あらゆる最新情報の肝心なところだけを、即座にお届けするのを使命としている。本書では、ビジネスに欠かせない2つの能力——「読む力」と「書く力」を磨く方法を1分間のドリル形式で一挙に公開!
脳が目覚める、人間力がアップする決定版!

図解《ずかい》1分《ぷん》ドリル
この一冊《いっさつ》で「読《よ》む力《ちから》」と「書《か》く力《ちから》」が
面白《おもしろ》いほど身《み》につく！

青春新書
PLAYBOOKS

2010年4月20日　第1刷

編　者　知的生活追跡班《ちてきせいかつついせきはん》

発行者　小澤源太郎

責任編集　株式会社プライム涌光

電話　編集部　03(3203)2850

発行所　東京都新宿区若松町12番1号 〒162-0056　株式会社青春出版社

電話　営業部　03(3207)1916　振替番号　00190-7-98602

印刷・中央精版印刷　製本・フォーネット社

ISBN978-4-413-01907-1